Basketball

NEW YORK

DIE INTERNATIONALEN
REGELN

BASKETBALL

WISSENSWERTES VON A-Z

FALKEN

Inhalt

Spielidee

Als Ballsportart ist Basketball ein Mannschaftsspiel, bei dem zwei Teams in Wettbewerb treten. Jede Mannschaft besteht aus fünf Spielern, die innerhalb eines relativ kleinen Spielfeldes versuchen, den Ball mit den Händen in einen in 3,05 m Höhe befestigten Korb zu werfen oder dies zu verhindern.

Das Spiel wird durch den Schiedsrichter mit einem Sprungball eröffnet. Die Mannschaft, die den Ball danach kontrolliert, befindet sich im Angriff. Der Ball darf gedribbelt oder gepaßt werden, jedoch muß die angreifende Mannschaft innerhalb von 30 Sekunden einen Schußversuch unternehmen, andernfalls erhält die gegnerische Mannschaft den Ball. Gelingt es, den Ball aus dem Feld in den Korb zu werfen, zählt dies zwei Punkte, bei einem Wurf jenseits der Drei-Punkte-Linie, aus einer Distanz aus mehr als 6,25 m (6,70 m in der NBA), drei Punkte. Ein Freiwurf, der einem Spieler bei einem persönlichen Foul zugesprochen wird, zählt bei Erfolg einen Punkt. Hat ein Spieler fünf Fouls erhalten, muß er das Spielfeld verlassen. Das Spiel hat die Mannschaft gewonnen, die nach einer Netto-Spielzeit von 2 x 20 Minuten (4 x 12 Minuten in der NBA) mindestens mit einem Punkt führt. Bei einem Unentschieden kommt es nach einer Pause von zwei Minuten zu jeweils fünfminütigen Verlängerungen, bis die Begegnung zugunsten einer Mannschaft entschieden ist.

Basketball wird häufig fälschlicherweise als das „körperlose Spiel« bezeichnet. Sicherlich ist ein direkter Körperkontakt, wie er beispielsweise beim Handball vorkommt, nicht erlaubt. Doch auch beim Basketball ist der Einsatz des Körpers unverzichtbar, zum Beispiel um den Gegner auszublocken und ihn an einer gezielten Bewegung zu hindern. Ein Spieler darf seinen Gegenspieler aber nicht festhalten, stoßen oder auf andere Weise vorsätzlich mit seinem Körper behindern. Solche Verhaltensweisen werden mit einem persönlichen Foul bestraft.

Lange Zeit war Basketball aufgrund seines kompakten Regelwerkes für viele ein „ Sport mit sieben Siegeln«. Doch spätestens seit den Olympischen Spielen 1992 in Barcelona hat das Spiel ungemein an Popularität gewonnen – zum einen durch das Staraufgebot der NBA-Profis, zum anderen durch die Faszination des Spiels, das an die Akteure höchste Anforderungen stellt: Sprungkraft, Reaktionsschnelligkeit, Timing, Ballgefühl und Kondition.

Ganz sicherlich ist Basketball ein Spiel, das an Schnelligkeit, Abwechslungsreichtum und sportlicher Eleganz seinesgleichen sucht – von den teilweise geradezu artistischen Einlagen der Spieler beim Werfen, Passen und Rebounden ganz zu schweigen.

Spielregeln

REGEL 1 Das Spiel

■ **Definition** Basketball ist ein Spiel für zwei Mannschaften mit je fünf Spielern. Jedes Team ist bestrebt, den Ball in den gegnerischen Korb zu werfen und zu verhindern, daß die andere Mannschaft in Ballbesitz kommt und ebenfalls Körbe erzielt. Unter Berücksichtigung der folgenden Regeln darf der Ball in alle Richtungen gedribbelt, gepaßt, geworfen, getippt oder gerollt werden.

REGEL 2 Abmessungen und Ausrüstung

■ **Spielfeldabmessungen** Basketball wird auf einem rechteckigen Spielfeld gespielt, das für die offiziellen Hauptwettbewerbe der FIBA 28 m lang und 15 m breit sein muß. Bei allen anderen Veranstaltungen kann das Feld bis zu 4 m in der

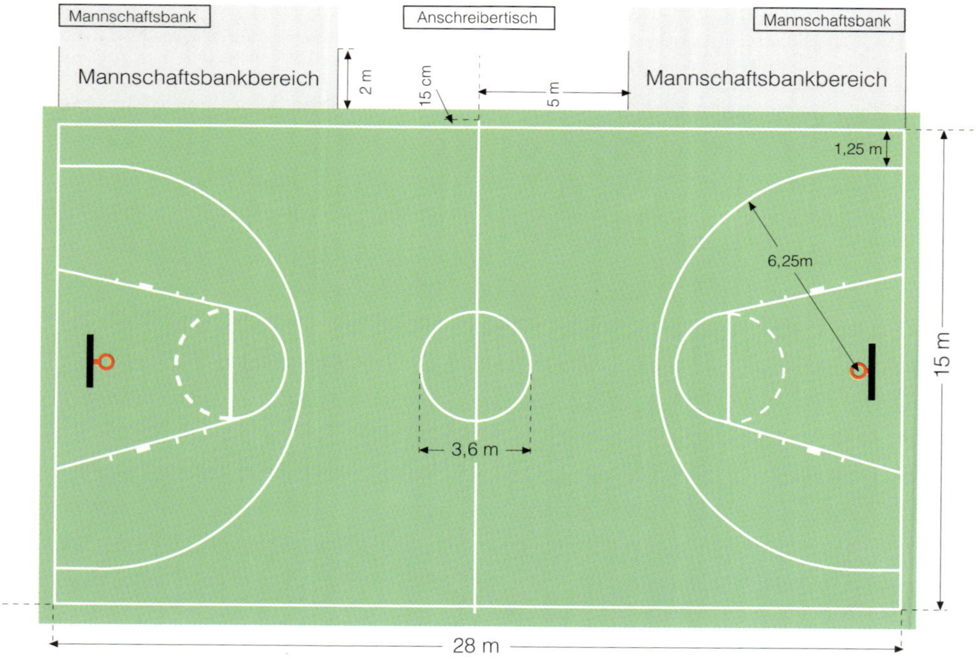

Regelgerechtes Spielfeld

Länge und bis zu 2 m in der Breite kürzer sein, wenn die Abweichungen proportional zueinander sind.

- Die Höhe der Decke darf nicht weniger als 7 m betragen. Zwischen Spielfeld und Zuschauern bzw. Werbereitern oder anderen Hindernissen ist ein Mindestabstand von 2 m vorgeschrieben.
- Die Spielfeldoberfläche muß hart, eben und frei von jeglichen Hindernissen sein, die eine Verletzungsgefahr bergen könnten. Für eine gleichmäßige Beleuchtung muß ebenfalls gesorgt sein.

- **Linien und Abmessungen** Alle Linien auf dem Spielfeld sind 5 cm breit, von einheitlicher Farbe und müssen vollständig und gut sichtbar sein. Das Spielfeld wird von zwei Seitenlinien und zwei Endlinien begrenzt.
- Die Mittellinie teilt das Spielfeld in zwei gleich große Hälften. Sie erstreckt sich von einer Seitenlinie zur anderen, wobei sie jeweils 15 cm über diese hinausreicht. Markierungen innerhalb des Spielfeldes: Parallel zur Endlinie und 5,80 m von dieser entfernt befindet sich in jeder Spielhälfte eine 3,60 m lange Freiwurflinie. Die Freiwurflinien bilden die korbfernen Begrenzungen der Zonen.

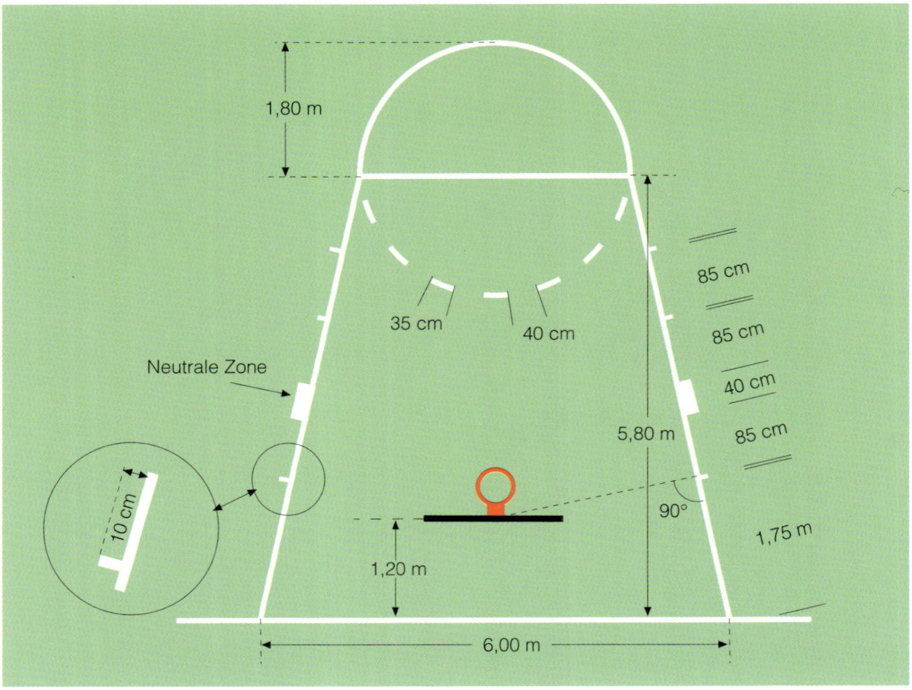

Regelgerechter Freiwurfraum

- Als Zonen oder auch begrenzte Zonen bezeichnet man die Räume vor den Körben, die durch die Endlinien, die Freiwurflinien und seitliche Linien begrenzt werden. Die seitlichen Linien beginnen an den Endlinien jeweils 3,00 m seitlich des Korbmittelpunktes und enden auf beiden Seiten der Freiwurflinien.
- In der Mitte des Spielfeldes ist ein Mittelkreis mit einem Radius von 1,80 m eingezeichnet.
- Der Drei-Punkte-Feldkorbbereich beinhaltet das gesamte Spielfeld, ausgenommen des halbkreisförmigen Bereiches vor dem jeweiligen gegnerischen Korb. Der Halbkreisbogen hat einen Radius von 6,25 m. Er schließt auf zwei Seiten an 1,25 m lange Linien an, die parallel zu den Seitenlinien liegen und von der Endlinie ausgehen. Jeder Punkt der Drei-Punkte-Linie ist so 6,25 m vom Korbmittelpunkt entfernt. Außerhalb des Spielfeldes auf der Seite des Anschreibertisches befinden sich die Mannschaftsbankbereiche (Seite 8).

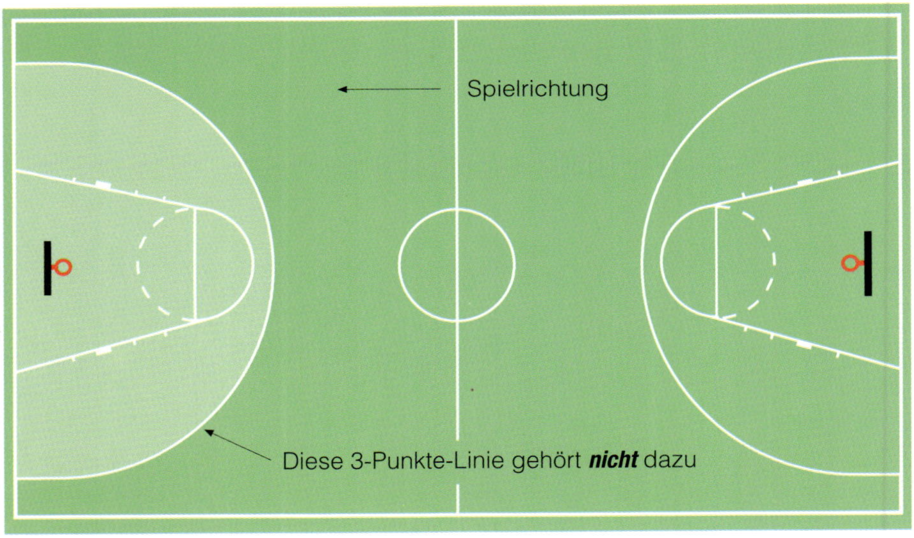

Drei-Punkte-Feldkorbbereich

Kommentar

Innerhalb des Mannschaftsbankbereiches dürfen sich nur der Trainer, der Trainerassistent, die Ersatzspieler und höchstens fünf Mannschaftsbegleiter wie Arzt, Masseur, Statistiker etc. aufhalten. Auch sie fallen unter die Entscheidungsgewalt der Schiedsrichter.

Technische Ausrüstung Zur technischen Ausrüstung gehören die Spielbretter, die 1,80 m breit und 1,05 m hoch sind und aus einer 3 cm starken, weiß gestrichenen Hartholzplatte oder aus durchsichtigem Material bestehen. Der Abstand zwischen Spielbrettunterkante und Boden beträgt 2,90 m. (Zugelassen sind auch Spielbretter mit den Abmessungen von 1,80 m Breite und 1,20 m Höhe mit der Höhe der Unterkante von 2,75 m über dem Spielfeld.)

Die Ränder der Spielbretter sind mit einer 5 cm breiten schwarzen Linie markiert, sofern das Spielbrett weiß ist (weiß, wenn das Brett durchsichtig ist); hinter dem Ring muß auf jedem

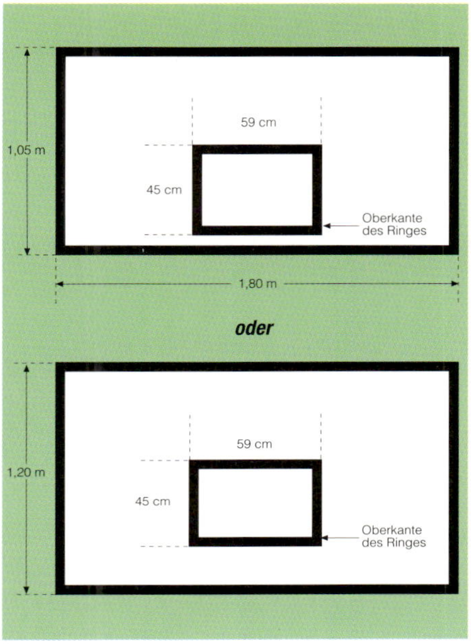

Spielbrettmarkierungen

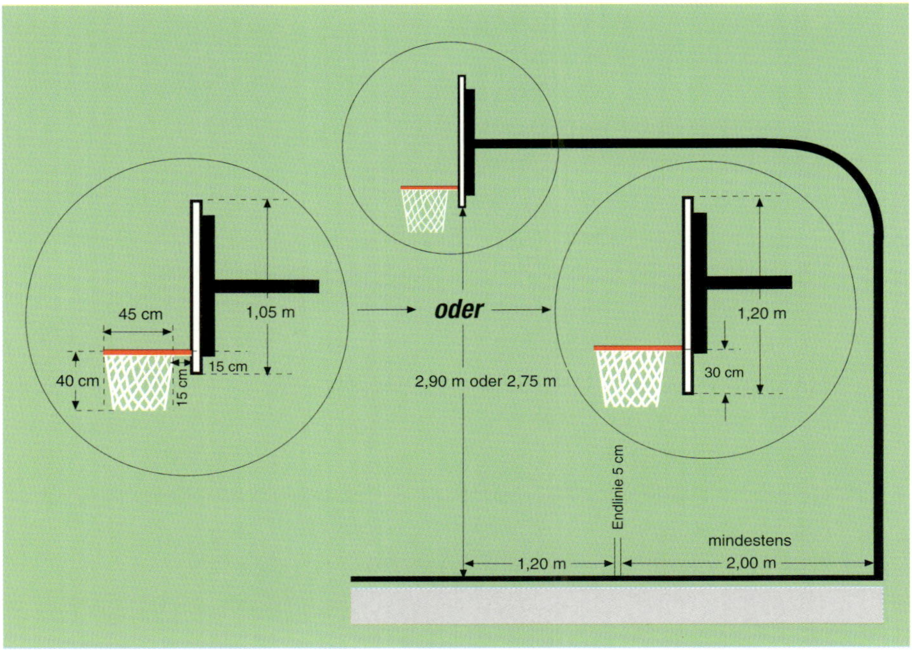

Regelgerechte Korbanlage

Spielbrett ein Rechteck von 59 cm Breite und 45 cm Höhe eingezeichnet sein. Die Oberkante des Ringes schließt mit der unteren Linie des Rechtecks ab. Bei der Montage der Spielbretter ist darauf zu achten, daß sie am Ende des Spielfeldes, rechtwinklig zum Boden, parallel zu den Endlinien befestigt werden. Die Bretter befinden sich innerhalb des Spielfeldes und sind 1,20 m entfernt von der Endlinie.

- Die Stützpfosten müssen mindestens einen Abstand von 2 m zu den Außenrändern der Endlinien aufweisen und mit einer kontrastierenden Farbe gestrichen sein.
- Um Verletzungen vorzubeugen, muß die Unterkante des Spielbrettes eine mindestens 5 cm dicke Polsterung aufweisen, die an den Seiten 35 cm hochragt. Das Spielbrett muß an Vorder- und Rückseite 2 cm von unten mit einer Mindeststärke von 2 cm geschützt sein. Auch die Korbstützen müssen eine Polsterung haben.
- Ein Korb besteht aus einem in oranger Farbe gestrichenen Ring, dessen innerer Durchmesser 45 cm beträgt, sowie aus dem Netz. Der Ring muß sicher am Spielbrett in 3,05 m Höhe befestigt sein, gemessen von der Ringoberkante. Der Abstand zwischen Ring und Spielbrett beträgt 15 cm. Das Netz besteht aus weißer Schnur und ist 40 bis 45 cm lang.

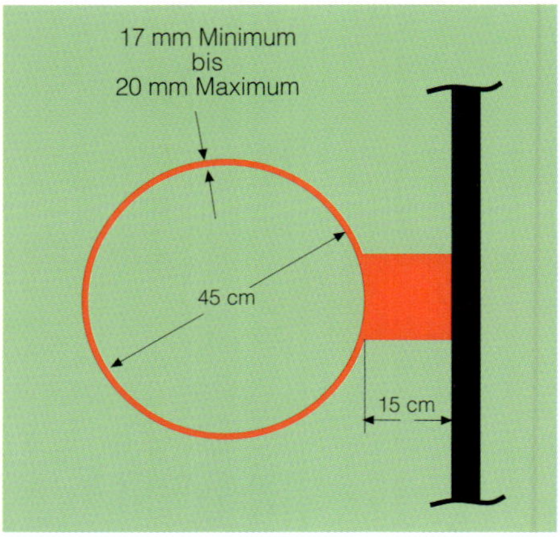

Regelgerechter Ring

- Ein Basketball hat eine orangebraune Farbe, einen Umfang von 75 bis 78 cm und ein Gewicht von 567 bis maximal 650 g. Seine Hülle kann aus Leder, Gummi oder einem synthetischen Material bestehen. Der Ball muß so aufgepumpt sein, daß er, gemessen von der Oberkante des Balles, aus 1,80 m Höhe mindestens 1,20 m und höchstens 1,40 m hochspringt, gemessen zur Oberseite des Balles.
- Bei einem Wettkampf hat die Heimmannschaft mindestens zwei Bälle zur Verfügung zu stellen.
- Sie hat auch für die technische Ausrüstung zu sorgen:
  1. Spieluhr und Stoppuhr: Mit der Spieluhr mißt der Zeitnehmer die Spielperioden und die dazwischen liegenden Pausen. Sie muß für alle Beteiligten stets gut sichtbar sein. Die Stoppuhr dient zum Messen der Auszeiten.

2. Dreißig-Sekunden-Anlage: Sie wird von einem weiteren Zeitnehmer bedient, um die entsprechende Regel anzuwenden (siehe Seite 21).
3. Signale: Für den Spielablauf sind zwei unterschiedlich tönende Signale notwendig: eines, das das Ende einer Spielperiode bzw. Halbzeit ankündigt, und eines, das das Ende der Dreißig-Sekunden-Periode anzeigt. Beide Signale müssen automatisch ertönen. Das Halbzeitsignal kann vom Anschreiber auch manuell eingesetzt werden, um den Schiedsrichter auf einen Spielerwechsel oder eine Auszeit aufmerksam zu machen.
4. Anzeigetafel: Sie muß auch für die Zuschauer gut sichtbar sein.
5. Anschreibebogen: Es dürfen nur die offiziellen Anschreibebogen des Internationalen Basketball-Verbandes verwendet werden.
6. Schilder für Spielerfouls: Die weißen Schilder müssen mit Ziffern von 1 bis 5 (von 1 bis 4 in Schwarz, Ziffer 5 in Rot) numeriert sein. Bei einer Spieldauer von 4 x 12 Minuten müssen die Ziffern von 1 bis 5 schwarz, die Ziffer 6 rot sein.
7. Anzeiger für Mannschaftsfouls: Tafeln oder Fähnchen in Rot, die auf dem Anschreibertisch aufgestellt werden.
8. Anzeige für die Anzahl der Mannschaftsfouls.

REGEL 3 Spielrichter und ihre Pflichten

■ **Die Spielrichter und ihre Helfer** Das Schiedsgericht für ein Spiel besteht aus
- dem ersten Schiedsrichter;
- dem zweiten Schiedsrichter;
- dem Zeitnehmer;
- dem Anschreiber;
- dem Anschreiberassistenten;
- dem Dreißig-Sekunden-Zeitnehmer.

Zusätzlich kann ein technischer Kommissar zur Überwachung des Tisch-Kampfgerichts eingesetzt werden.

■ Es ist allen Mitgliedern des Schiedsgerichts untersagt, Änderungen der Spielregeln zu gestatten.

■ Beide Schiedsrichter sind mit grauem Hemd, mit langer schwarzer Hose, schwarzen Basketballschuhen und schwarzen Socken bekleidet und dürfen keinerlei Verbindung zu einer auf dem Spielfeld vertretenen Partei haben.

■ **Rechte des ersten Schiedsrichters** Der erste Schiedsrichter hat Entscheidungsbefugnis über alle Mitglieder des Schiedsgerichts und der Mannschaften. So kann er beispielsweise das Spiel abbrechen oder es einer Mannschaft als verloren werten, wenn diese nicht weiterspielen will, nachdem er sie dazu aufgefordert hat. Er bestimmt letztlich, ob ein Treffer gewertet wird oder nicht.

- Er hat das Recht, alles zu entscheiden, was das Spiel betrifft, einschließlich dessen, was in den Regeln nicht festgehalten ist.
- Neben seinen Befugnissen hat der erste Schiedsrichter folgende Aufgaben:
  - die Spielausrüstung und die offizielle Spieluhr überprüfen und genehmigen;
  - die Mitglieder des Anschreibertisches bestätigen;
  - darauf achten, daß kein Spieler Schmuck oder andere Dinge trägt, die eine Verletzungsgefahr bergen;
  - das Spiel durch Hochwerfen des Balles im Mittelkreis eröffnen;
  - nach jeder Halbzeit oder Verlängerung – notfalls auch während des Spiels – den Anschreibebogen, das Ergebnis und die verbleibende Spielzeit kontrollieren.

Zeit und Ort für Entscheidungen der Schiedsrichter Beide Schiedsrichter können Regelverletzungen innerhalb und außerhalb des Spielfeldes ahnden. Dieses Recht tritt 20 Minuten vor Beginn des Spiels in Kraft – zu diesem Zeitpunkt sollten beide Schiedsrichter bereits anwesend sein – und endet mit der Unterschrift des ersten Schiedsrichters auf dem Anschreibebogen.

- Unsportliches Verhalten nach Spielende oder in den Spielpausen durch Spieler, Trainer, Trainerassistenten oder Mannschaftsbegleiter muß vom ersten Schiedsrichter auf dem Anschreibebogen notiert werden. Die zuständige Spielleitung erhält durch ihn einen ausführlichen Bericht des Vorfalls.
- Kein Schiedsrichter darf die Entscheidung des anderen Schiedsrichters aufheben oder anzweifeln, sofern diese gemäß den Regeln getroffen wurde.
- Wenn Unklarheit herrscht, ob eine Spielzeit abgelaufen ist oder nicht, müssen sich die Schiedsrichter umgehend (d. h. bei der nächsten Spielunterbrechung oder nach einem Korbwurfversuch, sofern der Ball die Hand verlassen hat) darüber verständigen, wann das Spiel abgepfiffen werden soll. Bei dieser Entscheidung können der technische Kommissar und das Kampfgericht hinzugezogen werden; das letzte Wort jedoch hat der erste Schiedsrichter.
- Erhält ein Spieler nach Ablauf der offiziellen Spielzeit Freiwürfe (das Foul wurde mit dem Schlußpfiff begangen), dann werden alle Regelübertretungen, die in diesem Zeitraum erfolgen, so gewertet, als hätten sie sich während einer Spielpause ereignet.
- Es ist auch möglich, daß eine Mannschaft gegen eine Schiedsrichterentscheidung Protest einlegt. Der Vorfall muß vom ersten Schiedsrichter umgehend an die zuständige Stelle weitergeleitet werden.

VERLAGS-VERZEICHNIS

Eine Auswahl · Stand Frühjahr '96

Bücher · Videos

Rat und Wissen
Essen und Trinken
Mensch und Gesundheit
Sport und Fitneß
Do it yourself + Technik
Kreatives Gestalten
Spiele und Denksport
FALKEN für Kinder
Garten
Tiere
Video

FALKEN

Bewerbung/Karriere

Kursbuch Bewerbung
4824-6, von Dr. C. Harmsen, 368 S., geb.
DM 49,90, öS 370,–

Bewerben bei internationalen Organisationen
1658-1, von W. Peest, G. Zacharias, ca. 144 S., kart., **ersch. April 1996**
ca. DM 29,90, öS 220,–

Bewerben in Europa
1386-8, von A. Lee, S. Lebar Börmann, K.-H. Brücher, G. Niemann, 216 S., kart.
DM 24,90, öS 185,–

Berufsstart für Hochschulabsolventen
1482-1, von Dr. W. Reichel, 144 S., kart.
DM 19,90, öS 148,–

Bewerbungsstrategien
1027-3, von Dr. W. Reichel, 128 S., kart.
DM 14,90, öS 110,–

Die erfolgreiche Bewerbung
0173-8, von W. Manekeller, U. Schoenwald, 144 S., kart.
DM 12,90, öS 95,–

Lebenslauf und Bewerbung
60007-5, von H. Friedrich, 112 S., kart.
DM 9,90, öS 73,–

Assessment Center
1385-X, von H. Beitz, A. Loch, 160 S., kart.
DM 19,90, öS 148,–

FALKEN Reihe: Check Up
Ausstattung: 64 S., kart.
Preis: **DM 19,90,** öS 148,–

- **1566**-6 Stellensuche und Bewerbung
- **1527**-5 Vorstellungsgespräche
- **1656**-5 Bewerbung um einen Ausbildungsplatz

Das überzeugende Vorstellungsgespräch
1261-6, von R. Ibelgaufts, 144 S., kart.
DM 14,90, öS 110,–

Vorstellungsgespräche
60012-1, von H. Friedrich, 144 S., kart.
DM 11,90, öS 88,–

Arbeitszeugnisse
1444-9, von A. Nasemann, 136 S., kart.
DM 16,90, öS 125,–

Zeugnisse im Beruf
60069-5, von H. Friedrich, 112 S., kart.
DM 12,90, öS 95,–

Schule/Beruf

FALKEN Reihe: Schülerhilfe
Ausstattung: zwischen 64 S. und 172 S., kartoniert
Preis: zwischen **DM 14,90,** öS 110,– und **DM 24,90,** öS 185,–

- **1624**-7 English Pronouns
- **1625**-5 Deutsche Grammatik I
- **1571**-2 Diktate und Ergänzungsübungen
- **1569**-0 Geometrie
- **1574**-7 English Tenses
- **1626**-3 Der Aufsatz
- **1572**-0 Groß- und Kleinschreibung
- **1573**-9 Dehnung und Schärfung
- **1623**-9 Bruchrechnen
- **1570**-4 Gleichungen und Ungleichungen

Englische Grammatik
4431-3, von E. Henrichs-Kleinen, 253 S., geb.
DM 39,90, öS 295,–

Kostenrechnung leicht gemacht
4826-2, von D. Machenheimer, 240 S., geb.
DM 39,90, öS 295,–

Buchführung leicht gemacht
4238-8, von D. Machenheimer, 260 S., geb.
DM 39,90, öS 295,–

Buchführung leicht gefaßt
60091-1, von H. R. Pohl, ca. 112 S., kart.,
ersch. April 1996
ca. DM 12,90, öS 95,–

Stenografie im Selbstunterricht
60056-3, von H. Kaus, 64 S., kart., **DM 9,90,** öS 73,–

Maschineschreiben
0568-7, von M. Kempkes, 112 S., Spiralbindung
DM 19,90, öS 148,–

Maschinenschreiben im Selbstunterricht
60055-5, von O. Fonfara, ca. 88 S., kart.
ersch. April 1996
ca. DM 9,90, öS 73,–

Die neue deutsche Rechtschreibung
3301-X, Hrsg.: Gesellschaft für deutsche Sprache, 136 S., kart.
DM 14,90, öS 110,–

Gedächtnistraining mit Eselsbrücken
60060-1, von W. Ettig, 96 S., kart.
DM 12,90, öS 95,–

Richtig auftreten im Beruf
1657-3, von G. Teusen, ca. 176 S., kart.
ersch. Mai 1996
ca. DM 19,90, öS 148,–

Korrespondenz

Korrespondenz heute
4787-8, von Dr. G. Reinert-Schneider, 462 S., geb.
DM 39,90, öS 295,–

Beileidsschreiben und Kondolenzen
4823-8, von I. Kaiser-Bauer, M. Engelhardt, F. Weber, 192 S., geb.
DM 39,90, öS 295,–

Glückwünsche und Gratulationen
4779-7, von M. Engelhard, I. Kaiser-Bauer, F. Weber, 256 S., geb.
DM 35,–, öS 258,–

Bewährte Musterbriefe
0231-9, Hrsg.: O. Fuhrmann, 240 S., kart.
DM 16,90, öS 125,–

Briefe an Behörden
1576-3, von F. Weber, 144 S., kart.
DM 14,90, öS 110,–

Der neue Briefsteller
60002-4, von I. Wolter-Rosendorf, 130 S., kart.
DM 12,90, öS 95,–

Privatbriefe
60043-1, von I. Wolter-Rosedorf, 124 S., kart.
DM 11,90, öS 88,–

Geschäftliche Briefe
60001-6, von G. Briese-Neumann, 120 S., kart.
DM 10,90, öS 80,–

Reden/Rhetorik

Modernes Redetraining
1575-5, von Prof. Dr. R. Brehler, 120 S., kart.
DM 16,90, öS 125,–

Festreden und Vereinsreden
0069-3, von K. Lehnhoff, E. Ruge, 96 S., kart.
DM 9,90, öS 73,–

Reden im Verein
0703-5, von G. Georg, 112 S., kart.
DM 9,90, öS 73,–

Körpersprache
60096-2, von H. Rückle, ca. 96 S., kart.
ersch. April 1996
ca. DM 12,90, öS 95,–

Texte für den Anrufbeantworter
60018-0, von G. Kunz, 80 S., kart.
DM 9,90, öS 73,–

Neue Texte für den Anrufbeantworter
1529-1, von T. Fröhling, 80 S., kart.
DM 9,90, öS 73,–

Umgangsformen

Moderne Umgangsformen
4814-9, von I. Wolff, 256 S., geb.
DM 39,90, öS 295,–

Umgangsformen heute
4876-9, von H.-G. Schnitzer, 275 S., geb.,
ersch. Mai 1996
ca. DM 29,90, öS 148,–

ABC der modernen Umgangsformen
4754-1, von I. Wolff, 222 S., geb.
DM 29,90, öS 220,–

freundin Ratgeber
Richtig auftreten im Beruf
1657-3, von G. Teusen, ca. 176 S., kart.,
ersch. Mai 1996
ca. DM 19,90, öS 148,–

Der gute Ton im Privatleben
60097-0, von R. Bartels, ca. 104 S., kart.,
ersch. April 1996
ca. DM 9,90, öS 73,–

Krawatten
1519-4, von M. Adam, 48 S., geb.
DM 14,90, öS 110,–

Geburtsanzeigen
60027-X, von T. Fröhling, 98 S., kart.
DM 12,90, öS 95,–

Partnersuche mit Erfolg
1660-3, von C. Harmsen, ca. 112 S., kart.,
ersch. Mai 1996
ca. DM 19,90, öS 148,–

Recht/Wirtschaft/Steuern

FALKEN Rechtsberater
4822-X, Hrsg.: S. von Hasseln, 720 S., geb.
DM 49,90, öS 370,–

Testament und Erbschaft
4139-X, von T. Drewes, R. Hollender, 296 S., geb.
DM 29,90, öS 220,–

Testament und Erbschaft
60058-X, von T. Drewes, 192 S., kart.
DM 14,90, öS 110,–

BAföG
60017-2, von A. Menge-ringhausen, 296 S., kart.
DM 19,90, öS 148,–

Pflegeversicherung
60016-4, von K. Möcks, A. Schmitt, 154 S., kart.
DM 16,90, öS 125,–

Aktuelle Fragen und Antworten zur Pflegeversicherung
60066-0, von N. Scheele, 138 S., kart.
DM 14,90, öS 110,–

Eheverträge
60037-7, von T. Münster, 226 S., kart.
DM 19,90, öS 148,–

Erziehungsgeld, Mutterschutz, Erziehungsurlaub
60014-8, von J. Grönert, 192 S., kart.
DM 19,90, öS 148,–

Scheidung und Unterhalt
60015-6, von T. Drewes, 220 S., kart.
DM 19,90, öS 148,–

Keine Angst vor dem Finanzamt
60064-4, von H. Vogt, 132 S., kart.,
DM 16,90, öS 125,–

Nachbarrecht
60075-X, von M. Sieger, 124 S., kart.,
DM 14,90, öS 110,–

Mietrecht aktuell
60052-0, von H. Weber, 160 S., kart.
DM 14,90, öS 95,–

FALKEN Reihe: Check Up
Ausstattung: zwischen 64 S. und 96 S., kart.
Preis: **DM 19,90**, öS 148,–

1524-0 Recht für Mieter
1526-7 Kaufverträge
1621-2 Steuern sparen 1996
1565-8 Recht für Urlauber
1366-3 Versicherungen

1525-9 Testament und Erbschaft
1655-7 Die nichteheliche Lebensgemeinschaft

*FALKEN Reihe: Alles, was man über * wissen muß*
Ausstattung: zwischen 128 S. und 168 S., kart.
Preis: zwischen **DM 16,90**, öS 125,–, und **DM 19,90**, öS 148,–

1445-7 * Vermögensbildung
1662-X * Investmentfonds
1663-8 * Aktien
1189-X * Versicherungen

Gut verdienen nach Feierabend
60053-9, von R. Rühl, 156 S., kart.
DM 14,90, öS 110,–

freundin Ratgeber

FALKEN Reihe:
freundin Ratgeber
Ausstattung: 128 S., geb.
Preis: **DM 39,90**, öS 295,–
4520-4 Farbberatung

4782-7 Die neue Farbberatung
4702-9 Hochzeit feiern
4864-5 Das freundin Problemzonen-Programm **ersch. Mai 1996**
4758-4 Bodyfitness
4788-6 Super-Teint
4727-4 Das perfekte Make-up
4695-2 Typ und Frisur

Farbberatung für die Wohnung
4743-6, von G. Watermann,
DM 49,90, öS 370,–

Familie/Hobby/ Musik

Familienforschung und Wappenkunde
4485-2, von P. Bahn,
224 S., geb.
DM 59,90, öS 440,–

Das große Buch der Familiennamen
4781-9, von Prof. Dr. H. Naumann, 320 S., geb.
DM 39,90, öS 295,–

Unsere Familiengeschichte
1579-8, von K. Grote, B. Simon, 120 S., kart.
DM 24,90, öS 185,–

Familienforschung, Ahnentafel, Wappenkunde
0744-2, von P. Bahn,
128 S., kart.
DM 19,90, öS 148,–

Gut vorbereitet in den Ruhestand
1659-X, von F. Quien-Schütz, F. G. Schütz,
ca. 144 S., kart.,
ersch. April 1996
ca. DM 19,90, öS 148,–

Das große Buch der Graphologie
4725-8, von H. Steigard,
222 S., geb.
DM 49,90, öS 370,–

Astronomie als Hobby
0572-5, von D. Block,
200 S., kart.
DM 24,90, öS 185,–

FALKEN Reihe:
Workshop Musik
Ausstattung: mit Begleit-CD, kartoniert
Preis: DM **49,90**, öS 370,–

1437-6 Gitarre
1622-0 Klavier
1438-4 Mundharmonika
1435-X Keyboard
1436-8 Singen

Feste feiern

Wir heiraten
4863-7, von S. Lippe,
ca. 144 S., geb.,
ersch. Mai 1996
ca. DM 39,90, öS 295,–

Hochzeitsfeiern planen und gestalten
1628-X, von S. Ahrndt,
128 S., kart.
DM 19,90, öS 148,–

Wir feiern Hochzeit
60095-4, von H. J. Winkler,
ca. 112 S., kart.,
ersch. April 1996
ca. DM 9,90, öS 73,–

Polterabend und Hochzeit
60044-X, von I. Wolter-Rosendorf, 112 S., kart.
DM 9,90, öS 73,–

Hochzeitszeitungen
1379-5, von Y. Tahlheim,
80 S., kart.
DM 19,90, öS 148,–

Gedichte, Reden, Sketche für Hochzeitstage
1269-1, Hrsg.: F. Rieder,
160 S., geb.
DM 19,90, öS 148,–

Spiele für Hochzeitsfeiern
1530-5, von E. und H. Bücken, 120 S., kart.
DM 19,90, öS 148,–

Die Silberhochzeit
60010-5, von K. F. Merkle,
112 S., kart.
DM 12,90, öS 95,–

freundin Ratgeber
Feste feiern
4825-4, von C. Kast,
ca. 128 S., geb.,
ersch. Mai 1996
ca. DM 39,90, öS 295,–

Bier- und Festzeitungen
1478-3, von A. Klein,
80 S., kart.
DM 19,90, öS 148,–

Einladungen texten und gestalten
60074-1, von R. Zey, A. Bellingen, 80 S., kart.
DM 9,90, öS 73,–

Verse

Ins Gästebuch geschrieben
0576-8, von K. H. Trabeck,
96 S., kart.
DM 9,90, öS 73,–

Die neue Glückwunschfibel
60031-8, von R. Christian-Hildebrandt, 106 S., kart.
DM 9,90, öS 73,–

Die schönsten Verse fürs Poesiealbum
4770-3, von G. Rudorf,
208 S., geb.
DM 19,90, öS 148,–

Kindergedichte für Familienfeste
60050-4, von B. H. Bull,
98 S., kart.
DM 12,90, öS 95,–

Glückwunschverse für Kinder
60092-X, von B. Ulrici,
ca. 88 S., kart.,
ersch. April 1996
ca. DM 9,90, öS 73,–

Verse fürs Poesiealbum
60003-2, von I. Wolter-Rosendorf, 120 S., kart.
DM 9,90, öS 73,–

Astrologie

Wahrsagen mit den Karten der Madame Lenormand
1480-5, von B. A. Mertz,
112 S., kart.
DM 29,90, öS 220,–

Wahrsagen mit Karten
60004-0, von R. Koch,
80 S., kart.
DM 9,90, öS 73,–

Die 12 Sternzeichen
60032-6, von G. Haddenbach, 144 S., kart.
DM 12,90, öS 95,–

Partnerschaftshoroskop
60047-4, von G. Haddenbach, 140 S., kart.
DM 12,90, öS 95,–

ISBN-Bestandteil: 3-8068- / bei Buchnummern, die mit der Ziffer 6 beginnen, lautet der ISBN-Bestandteil: 3-635-

Alles übers Horoskop
60171-3, von B. A. Mertz, ca. 128 S., kart.,
ersch. Mai 1996
ca. DM 9,90, öS 73,–

Chinesisches Horoskop
60006-7, von G. Haddenbach, 86 S., kart.
DM 9,90, öS 73,–

FALKEN Reihe: Horoskope
von G. Haddenbach,
Ausstattung: 85 S., geb.
Preis: **DM 14,90**, öS 110,–

- **1531**-3 Der mutige Widder
- **1532**-1 Der hilfsbereite Stier
- **1533**-X Die beschwingten Zwillinge
- **1534**-8 Der gefühlvolle Krebs
- **1535**-6 Der großzügige Löwe
- **1536**-4 Die vernünftige Jungfrau
- **1537**-2 Die harmonische Waage
- **1538**-0 Der gesellige Skorpion
- **1539**-9 Der optimistische Schütze

- **1540**-2 Der strebsame Steinbock
- **1541**-0 Der phantasievolle Wasser mann
- **1542**-9 Die liebenswerten Fische

Farben – Charakter – Schicksal
60078-4, von B. A. Mertz, 152 S., kart.
DM 16,90, öS 125,–

Handdeutung
60101-2, von C. Eisler-Mertz, ca. 128 S., kart.,
ersch. April 1996
ca. DM 14,90, öS 110,–

Besser leben nach dem Mondlauf
60063-6, von W. Noé, 110 S., kart.
DM 14,90, öS 110,–

Führerschein

Schnell und sicher zum Führerschein
1232-2, von O. Einert, 152 S., kart.
DM 19,90, öS 148,–

Prüfungsfragen und Prüfungsbogen für den Führerschein Kl. 3
1490-2, 104 S., kart.
DM 19,90, öS 148,–

Kochen – Einfach gut

FALKEN Reihe: Einfach gut
Ausstattung: 64 S., kart.
Preis: **DM 9,90**, öS 73,–

- **1291**-8 Gerichte aus dem Wok
- **1448**-1 Fischgerichte
- **1417**-1 Schnitzel, Steaks & Co.
- **1351**-5 Rezepte für Tisch- und Gartengrill
- **1348**-5 Geflügelgerichte
- **1491**-0 Beliebte Wildgerichte
- **1582**-8 Saucen und Dips
- **1605**-0 Japanische Küche
- **1289**-6 Chinesische Küche
- **1412**-0 Vegetarisches aus dem Wok
- **1384**-1 Fernöstliche Küche
- **1404**-X Indische Küche
- **1299**-3 Italienische Küche
- **1352**-3 Pizza
- **1548**-8 Französische Küche
- **1407**-4 Quiches und Tartes
- **1635**-2 Türkische Küche
- **1581**-X Griechische Küche
- **1581**-X Mexikanische Küche
- **1298**-5 Fondues
- **1300**-0 Braten auf dem heißen Stein
- **1290**-X Rezepte fürs Raclette
- **1347**-7 Gemüsegerichte
- **1607**-7 Salate für Party und Buffet
- **1441**-4 Knackige Salate
- **1346**-9 Salate
- **1295**-5 Aufläufe
- **1365**-5 Gemüseaufläufe
- **1294**-2 Rezepte für 1 Person
- **1640**-9 Pfannengerichte
- **1645**-X Schnell und köstlich
- **1583**-6 Schnelle Küche
- **1349**-3 Preiswerte Gerichte
- **1293**-4 Nudelgerichte
- **1449**-X Suppen und Eintöpfe
- **1350**-7 Fritieren
- **1297**-7 Kartoffelgerichte
- **1606**-9 Knödel und Klöße
- **1405**-8 Das essen Kinder gern
- **1442**-2 Marmeladen, Gelees, Kompotte
- **1636**-0 Süßes Kleingebäck
- **1446**-5 Fruchtige Pfannkuchen und Crêpes

Länderküche

Kochen mit dem Wok
4528-X, von P. Nikolay, 160 S., geb.
DM 35,–, öS 258,–

Köstlichkeiten aus dem Wok
4762-2, von A. Grüner, 128 S., geb.
DM 19,90, öS 148,–

Länderküche China
4790-8, von R. Büttner, Qiu Chengzhong, 128 S., geb., **DM 29,90**, öS 220,–

Länderküche Thailand
4722-3, von C. Zingerling, 144 S., geb.
DM 36,–, öS 268,–

Länderküche Spanien
4500-X, von A. Puente, 160 S., geb.
DM 39,90, öS 295,–

Italienische Küche
4830-0, von M. Kaltenbach, R. Simeone, 224 S., geb.,
DM 49,90, öS 370,–

FALKEN Reihe: Gut essen und trinken
Ausstattung: 128 S., geb.
Preis: **DM 19,90**, öS 148,–

- 4832-7 **Spaghetti**
- 4806-8 **Pizza**
- 4834-3 **Quiches und Tartes**
- 4768-1 **Salate**
- 4759-2 **Fondues**
- 4766-5 **Raclette und heißer Stein**
- 4794-0 **Fisch**
- 4795-9 **Gemüse**
- 4835-1 **Suppen und Eintöpfe**
- 4793-2 **Gratins und Soufflés**

4700-2 Aufläufe
4833-5 Desserts

Regionale deutsche Küche
4868-8, Hrsg.: Dt. Weinin-stitut, ca. 144 S., geb.,
ersch. Mai 1996
ca. DM 39,90, öS 295,–

Kochen – allgemein

Johann Lafer kocht
4848-3, von Johann Lafer, 160 S., geb.
DM 39,90, öS 295,–

Fleischgerichte
4699-5, von F. Stein, 144 S., geb.
DM 35,–, öS 258,–

Grillen
4791-6, von F. Stein, 128 S., geb.
DM 29,90, öS 220,–

Salate
4829-1, von P. Nikolay, 128 S., geb.
DM 29,90, öS 220,–

Raclette und Fondues
4828-9, von A. Grüner, 128 S., geb.
DM 29,90, öS 220,–

Rezepte mit Joghurt, Kefir & Co.
60068-7, von G. Volz, 104 S., kart.,
DM 12,90, öS 95,–

Preiswert Kochen
60025-3, von E. Fuhrmann, 136 S., kart.
DM 12,90, öS 95,–

Mikrowelle
4869-6, von M. Petrig, ca. 128 S., geb.,
ersch. April 1996
ca. DM 24,90, öS 185,–

Vegetarische Küche
4865-3, von Prof. Dr. C. Leitzmann, K. Dittrich, C. und G. Kurz, ca. 128 S., geb., **ersch. Mai 1996**
ca. DM 39,90, öS 295,–

Vegetarisch kochen und genießen
4715-0, von Prof. Dr. C. Leitzmann, K. Dittrich, C. und G. Kurz, 128 S., geb.
DM 36,–, öS 268,–

Vegetarisch Kochen
60026-1, von Prof. Dr. C. Leitzmann, K. Dittrich, C. und. G. Kurz, 128 S., kart., **DM 12,90**, öS 95,–

Kochen nach Ayurveda
4867-X, von Dr. K. Pirc, W. Kempe, ca. 144 S., geb.,
ersch. Mai 1996
ca. DM 39,90, öS 295,–

Kochen im Zeichen des Mondes
4880-7, von H. Heinrich, ca. 128 S., geb.,
ersch. April 1996
ca. DM 29,90, öS 220,–

Trennkost

Trennkost für 1 Person
4851-3, von U. Summ, 112 S., geb.,
DM 29,90, öS 220,–

Ursula Summs Trennkostküche
4852-1, von U. Summ, 144S., geb.
DM 20,–, öS 148,–

Leben mit Trennkost
4760-6, von U. Summ, 144 S., geb.
DM 29,90, öS 220,–

Das große Buch der Trennkost
4498-4, von U. Summ, 128 S., geb.
DM 29,90, öS 220,–

Alles über die Haysche Trennkost
4771-1, von Dr. med. Th.-M. Heintze, 112 S., geb.
DM 29,90, öS 220,–

Die aktuelle Trennkost
4685-5, von U. Summ, 96 S., kart.
DM 24,90, öS 185,–

Schnelle Trennkost-Küche
4746-0, von H. Harper, 80 S., kart.
DM 24,90, öS 185,–

Trennkost
4298-1, von U. Summ, 96 S., kart.
DM 24,90, öS 185,–

Schlank durch Trennkost
4475-5, von U. Summ, 96 S., kart.
DM 24,90, öS 185,–

Trennkost
60023-7, von U. Summ, 160 S., kart.
DM 12,90, öS 95,–

FALKEN Reihe: Einfach gut
Trennkost Backen
1608-5, von S. Carlsson, 64 S., kart.
DM 9,90, öS 73,–

FALKEN Reihe: Einfach gut
Das kleine 1 x 1 der Trennkost
1428-7, von S. Carlsson, 64 S., kart.
DM 9,90, öS 73,–

Backen

Brot backen
4807-6, von F. Stein, 128 S., geb., **DM 29,90**, öS 220,–

FALKEN Reihe: Einfach gut
Brot backen
1496-1, Hrsg.: S. Kieslich, 64 S., kart.
DM 9,90, öS 73,–

Backen
4682-0, von M. Kaltenbach, F.-W. Ehlert, 144 S., geb.
DM 29,90, öS 220,–

Vollwertig Backen
60082-2, von R. Raffelt, 112 S., kart.,
DM 12,90, öS 95,–

Backen ohne Zucker
60098-9, von H. Erkelenz, ca. 128 S., kart.,
ersch. April 1996
ca. DM 12,90, öS 95,–

Waffeln
60034-2, von S. Koch, 146 S., kart.
DM 14,90, öS 110,–

ISBN-Bestandteil: 3-8068- / bei Buchnummern, die mit der Ziffer 6 beginnen, lautet der ISBN-Bestandteil: 3-635-

FALKEN Reihe: Einfach gut
Waffeln
1296-9, Hrsg.: L. Steiger, 64 S., kart.
DM 9,90, öS 73,–

Getränke

FALKEN Mixbuch
4733-9, Hrsg.: P. Bohrmann, 560 S., geb
DM 39,90, öS 295,–

FALKEN Reihe: Einfach gut
Ausstattung 64 S., kart.
Preis: **DM 9,90**, öS 73,–
- **1292**-6 Cocktails und Drinks
- **1345**-0 Longdrinks
- **1345**-0 Bowlen und Punsche
- **1494**-5 Alkoholfreie Drinks
- **1450**-3 Milchmix-getränke
- **1408**-2 Vitamindrinks

Wein richtig genießen lernen
4809-2, von H. Ambrosi, I. Swoboda, 128 S., geb.
DM 24,90, öS 185,–

Was Weinfreunde wissen wollen
1224-1, von Prof. Dr. K. Röder, H.-G. Dörr, 224 S., kart., **DM 16,90**, öS 125,–

Weine und Säfte, Liköre und Sekt selbstgemacht
0702-7, von P. Arauner, 232 S., kart.
DM 24,90, öS 185,–

Tischdekoration

Der schön gedeckte Tisch
4827-0, von G. Götzer, J. Heerwagen, 112 S., geb.
DM 29,90, öS 220,–

Der perfekt gedeckte Tisch
1028-1, von H. Tapper, 80 S., kart.
DM 19,90, öS 148,–

Servietten falten
1042-7, von M. Müller, O. Mikolasek, 80 S., kart.
DM 19,90, öS 148,–

Servietten dekorativ falten
1337-X, von H. Tapper, M. Müller, O. Mikolasek, 48 S., geb.
DM 14,90, öS 110,–

Diät/Diabetiker

FALKEN Reihe: Diät Heute
Ausstattung: kartoniert
Preis: **DM 16,90**, öS 125,–
- **3202**-1 Diät bei Herzkrankheiten und Bluthochdruck
- **3207**-2 Diät bei Krankheiten der Gallenblase, Leber und Bauchspeichel drüse
- **3208**-0 Diät bei erhöhtem Cholesterinspiegel
- **3201**-3 Diät bei Krankheiten des Magens und des Zwölffingerdarms
- **3203**-X Diät bei Erkrankungen der Nieren, Harnwege und bei Dialysebehandlung
- **3205**-6 Diät bei Gicht und Harnsäuresteinen
- **3206**-4 Diät bei Zuckerkrankheit

Kochen und Backen für Diabetiker
4467-4, von Dr. med. M. Toeller, W. Schuhmacher, A. Groote, Dr. troph. A. Klischan, 176 S., geb.
DM 39,90, öS 295,–

Gerichte für Diabetiker
60033-4, von M. Oehlrich, 108 S., kart.
DM 12,90, öS 95,–

Kochen und Backen bei Nahrungsmittelallergien
4745-2, von Dr. med. C. Thiel, A. Ilies, 128 S., geb.
DM 39,90, öS 295,–

Cholesterinarm kochen und genießen
4442-9, von R. Unsorg, 168 S., geb.
DM 39,90, öS 295,–

Die aktuelle Cholesterin- und Fett-Tabelle
60072-5, von Dr. H. Oberritter, 88 S., kart.,
DM 12,90, öS 95,–

Fettarm kochen – abnehmen mit Genuß
4866-1, von G. Hölz, H. Million, 128 S., geb.,
DM 29,90, öS 220,–

Kalorien- und Nährwerttabelle
60086-5, von Dr. H. Oberritter, 96 S., kart.,
DM 12,90, öS 95,–

Besser leben durch Fasten
60065-2, von G. Leibold, 92 S., kart.
DM 12,90, öS 95,–

Mutter und Kind

Babykurs
4739-8, von K. Schutt, 352 S., geb.
DM 39,90, öS 295,–

Wir werden Eltern
4853-X, von B. Nees-Delaval, 376 S., gebunden
DM 25,–, öS 185,–

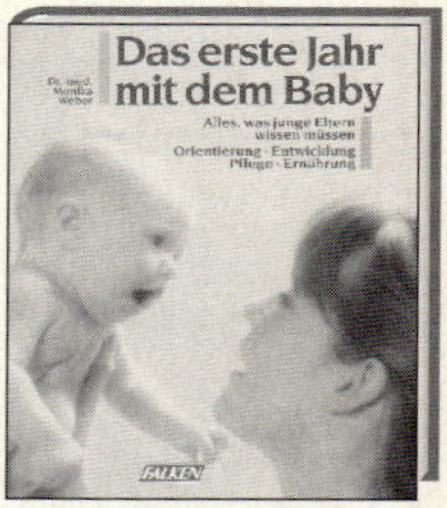

Das erste Jahr mit dem Baby
4884-X, von Dr. med. M. Weber, ca. 144 S., geb.,
ersch. Mai 1996
ca. DM 36,–, öS 268,–

Ich freue mich auf mein Baby
4711-8, von E. Protz-Schmitt, 184 S., geb.
DM 36,–, öS 268,–

Ich bekomme ein Baby
1254-3, von B. Nees-Delaval, 144 S., kart.
DM 19,90, öS 148,–

FALKEN Video
Schwangerschafts-gymnastik
6175-7, VHS, ca. 30 Min.
DM 39,95*, öS 319,–*

Schwangerschafts-gymnastik und Geburtsvorbereitung
1423-6, von L. Keller, 112 S., kart.
DM 24,90, öS 185,–

Geburtsvorbereitung
1169-5, von G. Dürer, G. Zeiß, 134 S., kart.
DM 19,90, öS 148,–

Schwangerschafts-gymnastik
60028-8, von L. Keller, 92 S., kart.
DM 12,90, öS 95,–

FALKEN Video
Rückbildungsgymnastik
6176-5, VHS, ca. 30 Min.
DM 39,95*, öS 319,–*

Rückbildungsgymnastik
1470-8, von L. Keller,
112 S., kart.
DM 24,90, öS 185,–

Die Kunst des Stillens
60084-9, von Prof. Dr. med.
E. Schmitt, S. Brunn,
110 S., kart.,
DM 12,90, öS 95,–

Die schönsten Vornamen
4755-X, von Dr. D. Voorgang, 200 S., geb.
DM 19,90, öS 148,–

Wie soll es heißen?
60067-9, von D. Köhr,
100 S., kart.,
DM 9,90, öS 73,–

Babybuch
0531-8, von A. Burkert,
96 S., kart.
DM 12,90, öS 95,–

Babyfitneß
1034-6, von G. Zeiß,
112 S., kart.,
DM 19,90, öS 148,–

Wenn Kinder krank werden
4816-5, von B. Nees-Delaval,
232 S., geb.
DM 29,90, öS 220,–

Mensch und Gesundheit

Partnerschaft leben lernen
1518-6, von Prof. Dr. A. Keil,
K. Haak, 144 S., kart.
DM 24,90, öS 185,–

Liebe, Lust und siebter Himmel
60089-X, von Y. Jotz,
144 S., kart.,
DM 14,90, öS 110,–

Moderne Hauskrankenpflege
4776-2, von S. Hof, 272 S.,
geb., **DM 49,90**, öS 370,–

Krankenpflege zu Hause
1373-6, von S. Hof, 104 S.,
kart., **DM 24,90**, öS 185,–

Bluthochdruck
1650-6, von Prof. Dr. med.
D. Klaus, R. Unsorg,
ca. 160 S., kart.,
ersch. April 1996
ca. DM 29,90, öS 220,–

Risiko Herzinfarkt
1217-9, von C. Halhuber,
M. J. Halhuber, 152 S., kart.
DM 29,90, öS 220,–

Diabetes
4689-8, von Prof. Dr. med.
Karl D. Hepp, 152 S., geb.
DM 39,90, öS 295,–

Diabetes
1516-X, Prof. Dr. med.
D. Grünklee, E. Mellmann,
136 S., kart.
DM 24,90, öS 185,–

Erkältungskrankheiten
1372-8, von G. Leibold,
112 S., kart.
DM 24,90, öS 185,–

Homöopathie
1334-5, von J. H. P. Kreuter,
216 S., kart.
DM 29,90, öS 220,–

Heilkraft der Pflanzen
4862-9, von S. Poth, 208 S.,
geb., **ersch. April 1996**
DM 39,90, öS 295,–

Blütentherapie nach Dr. Bach
60019-9, von I. Wenzel,
96 S., kart.
DM 9,90, öS 73,–

Ihr persönliches Anti-Krebs-Programm
60076-8, von Dr. S. Thor-Wiedemann, 108 S.,
DM 12,90, öS 95,–

Enzyme
60083-0, von G. Leibold,
102 S., kart.,
DM 14,90, öS 110,–

Aktiv gegen Venenleiden
1647-6, von Dr. med.
T. Klyscz, Dr. med.
M. Jünger, ca. 96 S., kart.,
ersch. April 1996
ca. DM 19,90, öS 148,–

Osteoporose
1371-X, von A. Baumgarten,
96 S., kart.
DM 19,90, öS 148,–

Gesunde Haut
1468-6, von Dr. med.
J. Müller, Dr. med.
K.-U. Schmidt, 128 S., kart.
DM 24,90, öS 185,–

Allergien
60057-1, von G. Leibold,
100 S., kart.
DM 12,90, öS 95,–

Schuppenflechte
1467-8, von Prof. Dr. med.
Dr. phil. S. Borelli, Dr. Dr.
med. habil. R. Engst,
104 S., kart.
DM 19,90, öS 148,–

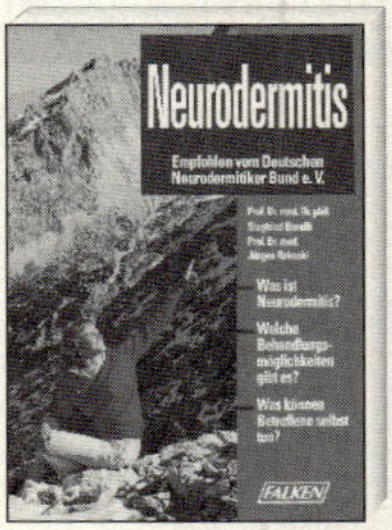

Neurodermitis
1649-2, von Prof. Dr. med.
S. Borelli, Prof. Dr. med.
J. Rakowski, ca. 160 S., kart.,
ersch. Mai 1996
ca. DM 29,90, öS 220,–

Rheuma
60040-7, von Prof. Dr. med.
K. Gräfenstein, 112 S., kart.,
DM 12,90, öS 95,–

Multiple Sklerose
60054-7, von Dr. med.
C. Neuhofer, 108 S., kart.,
DM 14,90, öS 110,–

FALKEN Video
Rückenschule mit dem großen Ball
6210-9, VHS, ca. 60 Min.
ca. DM 49,95*, öS 399,–*

Rückenschule mit dem großen Ball
1620-4, von M. Schmidt,
80 S., kart.
DM 19,90, öS 148,–

Tele-Rückenschule
1310-8, von K. Haak, 64 S.,
mit Audiokassette, kart.
DM 39,90, öS 295,–

Gymnastik für die Halswirbelsäule
1610-7, von J. Engelmann,
96 S., kart.
DM 19,90, öS 148,–

Massage
60038-5, von K. Schutt,
78 S., kart.
DM 12,90, öS 95,–

ISBN-Bestandteil: 3-8068- / bei Buchnummern, die mit der Ziffer 6 beginnen, lautet der ISBN-Bestandteil: 3-635-

Akupressur
1231-4, von F. T. Lie,
192 S., kart.
DM 29,90, öS 220,–

Akupressur
60005-9, von G. Leibold,
108 S., kart.
DM 12,90, öS 95,–

Fußsohlenmassage
60036-9, von G. Leibold,
96 S., kart.
DM 11,90, öS 88,–

FALKEN Video
Autogenes Training
6132-3, 2 Videos VHS,
jeweils ca. 60 Min.
DM 98,–*, öS 780,–*

FALKEN Video
Autogenes Training für Kinder
6135-8, VHS, ca. 60 Min.
mit Begleitheft,
DM 49,95*, öS 399,–*

Autogenes Training für Kinder
1327-2, von K. Haak,
Dr. P. Kruse, 96 S., mit
Audiokassette, kart.
DM 39,90, öS 295,–

Autogenes Training
60009-1, von R. Faller,
110 S., kart.
DM 9,90, öS 73,–

Entspannung
1471-6, von K. Schutt, 80 S.,
mit Audiokassette, kart.
DM 39,90, öS 295,–

Streß – nein danke!
1546-1, von Dr. V. Friebel,
96 S., kart.
DM 19,90, öS 148,–

Streß bewältigen durch Entspannung
60070-9, von Dr. med.
Ch. Schenk, 122 S., kart.,
DM 14,90, öS 110,–

Yoga
4417-8, von A. Harf,
W. v. Rohr, 176 S., geb.
DM 39,90, öS 295,–

Yoga
60093-8, von U. Thomsen,
ca. 108 S., kart.,
ersch. April 1996
ca. DM 9,90, öS 73,–

Tai-Ji-Quan
0850-3, von F. T. Lie,
120 S., kart.
DM 19,90, öS 148,–

Qigong
1316-7, von L. U. Schoefer,
96 S., kart.
DM 19,90, öS 148,–

Schmerzbewältigung
1557-7, von K. Haak,
Dr. med. D. Kallinke,
96 S., kart.
DM 19,90, öS 148,–

Eßstörungen
1425-2, Hrsg.: Frankfurter
Zentrum für Eßstörungen
e. V., 112 S., kart.
DM 19,90, öS 148,–

Positives Denken
1578-X, von Dr. W. Beier,
104 S., incl. Kartenset, kart.
DM 29,90, öS 220,–

Alpträume erfolgreich behandeln
4740-1, von B. Krakow,
J. Neidhardt, 352 S., geb.
DM 39,90, öS 295,–

Traumdeutung
4856-4, von G. Fink,
384 S., geb.
DM 20,–, öS 148,–

Traumdeutung
60045-8, von G. Haddenbach, 172 S., kart.
DM 12,90, öS 95,–

Die ganzheitliche Duftberatung
4777-0, von I. Andres,
160 S., geb.
DM 39,90, öS 295,–

Aromatherapie
1131-8, von K. Schutt,
96 S., kart.
DM 14,90, öS 110,–

FALKEN Video
Bauchtanz
6200-1, VHS, ca. 60 Min.
Laufzeit, in Farbe,
DM 49,95*, öS 399,–*

Bauchtanz
1553-4, von U. Gadalla,
94 S., kart.
DM 19,90, öS 148,–

Sport

FALKEN Reihe: Ratgeber für Reiter
Ausstattung: zwischen
128 S. und 176 Seiten,
gebunden oder kartoniert
Preis: **DM 29,90**, öS 220,–

4797-5 Ich will reiten lernen
4845-9 Junge Pferde ausbilden **erscheint Mai 1996**
4716-9 Reiten auf Gangpferden
1556-9 Fit im Sattel
4792-4 Reiten im Gelände
4847-5 Reiten im Bild

Reiten
2322-7, von T. Eckhold,
96 S., kart.
DM 16,90, öS 125,–

FALKEN Reihe: Golf Praxis
von O. Heuler,
Ausstattung: zwischen
128 S. und 160 S., geb.
Preis: **DM 29,90**, öS 220,–
4784-3 Der Schwung
4799-1 Das kurze Spiel
4839-4 Golf Etikette
4798-3 Golf für Einsteiger

Golf
4509-3, von O. Heuler,
144 S., geb.
DM 59,90, öS 440,–

FALKEN Reihe: Sportregeln
ca. 96 S., kart.,
ersch. April 1996
ca. DM 14,90, öS 110,–,
1673-5 American Football
1699-9 Golf
1676-X Basketball
1674-3 Pool-Billard

1675-1 Fußball

Basketball NBA
1589-6, von J. Kalwa,
ca. 96 S., kart.,
ersch. April 1996
ca. DM 29,90, öS 220,–

Streetball
1465-1, von J. Bezler,
T. Paganetti, 80 S., kart.
DM 19,90, öS 148,–

Tennistraining mit System
4878-5, von A. Ferrauti,
P. Maier, K. Weber, 192 S.,
geb., **DM 39,90**, öS 295,–

Tennis
60094-6, von W. und
S. Taferner, ca. 120 S., kart.,
ersch. April 1996
ca. DM 12,90, öS 95,–

Badminton
0699-3, von K. Fuchs,
L. Sologub, 160 S., kart.
DM 16,90, öS 125,–

Tischtennis-Technik
0775-2, von M. Perger,
144 S., kart.
DM 24,90, öS 185,–

Billard
1313-2, von Dr. H. Stingl,
112 S., kart.
DM 29,80, öS 220,–

Poolbillard
2318-9, von P. Pejcic,
R. Meyer, 88 S., kart.
DM 14,90, öS 110,–

Paragliding
1464-3, von H. G. Isenberg,
E. Königer, 160 S., kart.
DM 29,90, öS 220,–

Freeclimbing
1251-9, von T. Strobl,
160 S., kart.
DM 29,80, öS 220,–

In-Line Skating
1672-7, von U. Sauter,
ca. 80 S., kart.,
ersch. Mai 1996
ca. DM 19,90, öS 148,–

Mountain Bike total
1638-7, von S. Kälberer,
144 S., kart.
DM 29,90, öS 220,–

Alles übers Fahrrad
1594-1, von S. Kälberer,
160 S., kart.
DM 29,90, öS 220,–

Segeln
1364-7, von H. Mönster,
K.-H. Eden, U. Finckh,
160 S., kart.
DM 29,90, öS 220,–

Sporttauchen
0647-0, von S. Müßig,
144 S., kart.
DM 14,90, öS 110,–

Angeln
60080-6, von E. Bondick,
80 S., kart.,
DM 12,90, öS 95,–

Tanzstunde
4838-6, von G. Hädrich,
176 S., geb.
DM 29,90, öS 220,–

Wir lernen Tanzen
0200-9, von E. Fern,
152 S., kart.
DM 19,90, öS 148,–

So tanzt man Rock'n Roll
1508-9, von W. Steuer,
160 S., kart.
DM 29,90, öS 220,–

Fitneß

Fitneß-Boxen
1671-9, von F. Kürzel,
P. Wastl, ca. 96 S., kart.,
ersch. Mai 1996
ca. DM 19,90, öS 148,–

Fit Forever
1602-6, von M. Sauer,
J. Schuhn, 112 S., kart.
DM 19,90, öS 148,–

FALKEN Reihe: Aktiv und gesund
Ausstattung: zwischen 32 S. u. 48 S., kart. oder Spiralbdg.
Preis: **DM 29,90**, öS 220,–

1245-4 Fitneßtraining
1383-3 Skigymnastik
1367-1 Funktionelles Körpertraining
1509-7 Circuittraining
1247-0 Stretching
1421-X Aerobics
1246-2 Wirbelsäulengymnastik
1601-8 Sportmassage

Selbstverteidigung
60071-7, von E. Deser,
96 S., kart.,
DM 12,90, öS 95,–

Stretching
60085-7, von E. Kleila,
64 S., kart.
DM 9,90, öS 73,–

Bodybuilding für Frauen
1510-0, von E. Wanghofer,
88 S., kart.
DM 12,90, öS 95,–

Muskeltraining zu Hause
60100-4, von A. Balk,
ca. 120 S., kart.,
ersch. April 1996
ca. DM 12,90, öS 95,–

Krafttraining
60011-3, von W. Kieser,
100 S., kart.
DM 12,90, öS 95,–

Kampfsport

Aikido
0537-7, von R. Brand,
280 S., kart.
DM 19,90, öS 148,–

Judo
0305-6, von M. Ohgo,
208 S., kart.
DM 19,90, öS 148,–

Judo perfekt 3
1641-7, von K. Fuchs,
136 S., kart.
DM 19,90, öS 148,–

Ju-Jutsu 3
0485-0, von W. Heim,
F. J. Gresch, 200 S., kart.
DM 19,90, öS 148,–

Modernes Karate
4280-0, von T. Okazaki,
Dr. med. M. V. Stricevic,
376 S., kart.
DM 69,90, öS 515,–

Karate 1
0227-0, von A. Pflüger,
144 S., kart.
DM 12,90, öS 95,–

Karate 2
0239-4, von A. Pflüger,
176 S., kart.
DM 16,90, öS 125,–

25 Shotokan-Katas
0859-7, von A. Pflüger,
88 S., kart.
DM 19,90, öS 148,–

Bruce Lee – Sein Leben und Kampf
0392-7, von L. Lee, 136 S.,
kart., **DM 24,90**, öS 185,–

Bruce Lees Kampfstil 4
0523-7, von B. Lee,
M. Uyehara, 104 S., kart.
DM 12,90, öS 95,–

Dynamische Tritte in Perfektion
1683-2, von G. Chung,
C. Rothrock, ca. 128 S.,
kart., **ersch. April 1996**
ca. DM 14,90, öS 110,–

Teakwondo
0347-1, von K. Gil,
152 S., kart.
DM 16,90, öS 125,–

Teakwondo perfekt 2
0976-3, von K. Gil,
K. Chul-Hwan, 192 S., kart.
DM 19,90, öS 148,–

Ninja
1161-X, von A. Adams,
196 S., kart.
DM 19,90, öS 148,–

Ninja 4
0807-4, von S. K. Hayes,
übersetzt von J. Schmit,
196 S., kart.
DM 19,90, öS 148,–

Heimwerken

FALKEN Reihe: Do it yourself
Ausstattung: zwischen 80 S. und 104 S.,
Preis: **DM 19,90**, öS 148,–

1665-4 Reparaturen in Haus und Garten
1545-3 Hausbau für Selbermacher
1159-8 Betonieren
1199-7 Badezimmer renovieren und modernisieren
1118-0 Sanitärinstallationen
1599-2 Befestigungstechnik
1243-8 Dachgeschoß- und Innenausbau
1504-6 Wohnobjekte aus Metall
1119-9 Metall bearbeiten
1414-7 Schnitzen
1306-X Drechseln
1163-6 Holzspielzeug
0905-4 Kleinmöbel aus Holz
1456-2 Möbel für Kinderzimmer und Wohnbereich
1360-4 Möbel im Designerstil

4818-1 **Heimwerken**
von T. Pochert,
ca. 456 S., geb.,
ersch. Mai 1996
ca. DM 49,90, öS 370,–

1666-2 **Regenwasser für Haus und Garten nutzen**
von H.-A. Losch,
ca. 80 S., kart.,
ersch. April 1996
ca. DM 24,90, öS 185,–

ISBN-Bestandteil: 3-8068- / bei Buchnummern, die mit der Ziffer 6 beginnen, lautet der ISBN-Bestandteil: 3-635-

Restaurieren von Möbeln
4120-9, von E. Schnaus-Lorey, 152 S., geb.
DM 39,90, öS 295,–

Möbel aufarbeiten, reparieren und pflegen
0386-2, von E. Schnaus-Lorey, 96 S., kart.
DM 12,90, öS 95,–

Technik

FALKEN Reihe: Do it yourself
Ausstattung: zwischen 80 S. und 104 S.,
Preis: **DM 19,90**, öS 148,–

1308-6 Alarmanlagen
1359-0 Satelliten-Antennen
1667-0 Mit Modem und Computer ins Telefonnetz einsteigen **ersch. Mai 1996**
1419-8 Telefon, Fax & Co.
0975-5 Elektroarbeiten
1160-1 Elektrogeräte reparieren
1584-4 Musikelektronik
1633-6 Fahrradreparaturen
1564-X Elektronik im Modellbau
1457-0 Solarstromanlagen

Foto/Video

Moderne Fotopraxis
4401-1, von G. Koshofer, Prof. H. Wedewardt, 224 S., geb.
DM 39,90, öS 295,–

So macht man bessere Fotos
1158-X, von G. Koshofer, 144 S., kart.
DM 19,90, öS 148,–

Videofilmen wie ein Profi
4506-9, von T. Pehle, 232 S., geb.
DM 45,–, öS 335,–

Zeichnen/Malen

Zeichnen und Malen auf Reisen
4800-9, von Prof. Dr. W. Wrisch, 144 S., geb.
DM 49,90, öS 370,–

Kreativ zeichnen
4688-X, von B. Bagnall, 176 S., geb.
DM 39,90, öS 295,–

Zeichnen und Malen
4820-3, von B. Bagnall, 288 S., geb.
DM 25,–, öS 185,–

Punkt, Punkt, Komma, Strich
4721-5, von H. Witzig, 144 S., geb.
DM 19,90, öS 148,–

Aquarellmalerei
4529-8, von Prof. Dr. W. Wrisch, 136 S., geb.
DM 39,90, öS 295,–

Aquarellmalen
0876-7, von I. Schade, A. Brück, 80 S., kart.
DM 19,90, öS 148,–

Kalligraphie
4263-9, von Chr. Hartmann, 120 S., geb.
DM 49,90, öS 370,–

Airbrush
1133-4, von C. M. Mette, 80 S., kart.
DM 19,90, öS 148,–

Airbrush Seidenmalerei
1356-6, von C. M. Mette, 80 S., kart.
DM 24,80, öS 185,–

Arbeiten mit Papier

Scherenschnitt
1502-X, von A. Hahn, 64 S., kart.
DM 19,90, öS 148,–

Origami
1685-9, von Pham Dinh Tuyen, 96 S., kart.,
DM 24,90, öS 185,–

Neue zauberhafte Origami-Ideen
0805-8, von Z. Aytüre-Scheele, 80 S., kart.
DM 19,90, öS 148,–

Flieger und Schiffe aus Papier
1410-4, von C. Hüfner, 80 S., kart.
DM 19,80, öS 148,–

Originelle Fensterbilder
1305-1, von D. Köhnen, 64 S., kart.
DM 19,90, öS 148,–

Die schönsten Fensterbilder
1066-4, von K. Kimmerle, 64 S., kart.
DM 19,90, öS 148,–

Drehfensterbilder aus Papier und Tonkarton
1355-8, von E. Bock, 64 S., kart.
DM 19,90, öS 148,–

Seidenmalerei

Farbberatung Seidenmalerei
4841-6, von B. Banach, M. Götz, 128 S., geb.
DM 39,90, öS 295,–

Lexikon der Seidenmalerei
4737-1, von K. Huber, 208 S., geb.
DM 49,90, öS 370,–

Kreative Seidenmalerei
4720-7, von M. Neubacher-Fesser, 136 S., geb.
DM 49,90, öS 370,–

Aquarellieren auf Seide
4842-4, von Shahida, ca. 112 S., geb.,
ersch. Mai 1996
ca. DM 29,90, öS 220,–

Seidenmalerei – Exklusive Tücher
1303-5, von E. Schwinge, 80 S., kart.
DM 19,90, öS 148,–

Einführung in die Seidenmalerei
0611-X, von R. Henge, 88 S., kart.
DM 19,90, öS 148,–

Verschiedene Techniken

Artischockentechnik
1682-4, von M. von Perbandt, K. Teuber, 64 S., kart.,
DM 19,90, öS 148,–

Patchwork und Quilten
0768-X, von B. M. Wachsmuth, 80 S., kart.
DM 19,90, öS 148,–

Patchwork und Quilt
4803-3, von I. Kahmann u. a, 112 S., geb.
DM 29,90, öS 220,–

Kreuzstich – Bordüren, Bänder und Schleifen
1336-1, von M. Busch, 80 S., kart.
DM 19,90, öS 148,–

Kreuzstich
1335-3, von I. Stockmann-Sauer u. a., 80 S., kart.
DM 19,90, öS 148,–

Nähen
4709-6, von S. von Rudzinski, 176 S., geb.
DM 39,90, öS 295,–

Perfekt Stricken
4821-1, von H. Jaacks, 224 S., geb.
DM 20,–, öS 148,–

Teddys
4882-3, von M. Thielmann, B. Franz, 112 S., geb.,
DM 29,90, öS 220,–

Töpfern ohne Scheibe – Aufbaukeramik
0896-1, von A. Riedinger, 80 S., kart.
DM 19,90, öS 148,–

Dekorieren und Gestalten mit Naturmaterialien
4748-7, von E. Dommershausen u. a., 128 S., geb.
DM 29,90, öS 220,–

Rosen
4802-5, von R. Steinbauer, L. Becker, u. a., 96 S., kart.
DM 29,90, öS 220,–

Blumenschmuck für das Brautpaar
4881-5, von H. Grob, A. Henseler u. a., 80 S., geb.,
DM 29,90, öS 220,–

Ikebana
4749-5, von E. Schwalm, 112 S., geb.
DM 39,90, öS 295,–

Duftsträuße und Potpourris
1239-X, von A. Effelsberg, 80 S., kart.
DM 19,80, öS 148,–

Spielzeug aus Holz
1196-2, von H. P. Krafft, O. Maier, 64 S., kart.
DM 24,90, öS 185,–

Moosgummi
1354-X, von S. Boczkowski-Sigges, 56 S., kart.
DM 19,80, öS 148,–

Bunte Bänder
1696-4, von M. Funck, P. Boniberger u. a., 64 S., kart.,
DM 19,90, öS 148,–

Bücher, Alben, Schachteln selbermachen
4772-X, von P. Baumgartner, 96 S., geb.
DM 29,90, öS 220,–

Einladungs- Tisch- und Menükarten
1302-7, von S. Haenitsch-Weiß, 80 S., kart.
DM 19,90, öS 148,–

Alles aus Wellpappe
1430-9, von I. Kasperek, 64 S., kart.
DM 19,90, öS 148,–

Geschenke verpacken
0949-6, von B. Niermann, 80 S., kart.
DM 19,90, öS 148,–

Geschenke umweltfreundlich verpacken
1240-3, von P. Jansen, 64 S., kart.
DM 19,80, öS 148,–

Geldgeschenke und Geschenkgutscheine
1684-0, von S. Haenitsch-Weiß, 64 S., kart.,
DM 19,90, öS 148,–

Geldgeschenke, Gutscheine, Geschenkanhänger
1115-6, von S. Haenitsch-Weiß, A. Weiß, 80 S., kart.
DM 19,90, öS 148,–

Lenkdrachen
1585-2, von U. Leibacher, 64 S., kart.,
DM 24,90, öS 185,–

Lenkdrachen und Einleiner bauen und fliegen
1353-1, von W. Schimmelpfennig, 80 S., kart.
DM 24,90, öS 185,–

Drachen bauen und steigen lassen
0767-1, von W. Schimmelpfennig, 80 S., kart.
DM 24,90, öS 185,–

Spiele

Bridge für Einsteiger
1691-3, von B. Ludewig, ca. 104 S., kart.,
ersch. April 1996
ca. DM 16,90, öS 125,–

Bridge
60039-3, von J. Weiss, 98 S., kart.
DM 12,90, öS 95,–

Doppelkopf/Schafkopf
2015-5, von C. D. Grupp, 112 S., kart.
DM 9,90, öS 73,–

Kartenspiele für Zwei
1694-8, von M. Fuchs, R. Luwisch, ca. 80 S., kart.,
ersch. April 1996
ca. DM 16,90, öS 125,–

Kartenspiele im Familien- und Freundeskreis
60061-X, von C. D. Grupp, ca. 120 S., kart.,
ersch. April 1996
ca. DM 9,90, öS 73,–

Neue Patiencen
2036-8, von H. Sosna, 128 S., kart.
DM 14,90, öS 110,–

Alles über Pokern
2024-4, von C. D. Grupp, 112 S., kart.
DM 9,90, öS 73,–

Rommé und Canasta
2025-2, von C. D. Grupp, 88 S., kart.
DM 9,90, öS 73,–

Das Skatspiel
0206-8, von K. Lehnhoff, 96 S., kart.
DM 9,90, öS 73,–

Schach, das königliche Spiel
1105-9, von Th. Schuster, 184 S., kart.
DM 19,90, öS 148,–

Schach für jedermann 3
0728-0, von H. Pfleger, G. Treppner, 128 S., kart.
DM 14,90, öS 110,–

Einführung in das Schachspiel
0104-5, von W. Wollenschläger, K. Coldiz, 112 S., kart., **DM 9,90**, öS 73,–

Spielend Schach lernen
2002-3, von Th. Schuster, 96 S., kart.
DM 9,90, öS 73,–

Schach für Forgeschrittene
0219-X, von R. Teschner, 88 S., kart.
DM 9,90, öS 73,–

Mah-Jongg
1693-X, von D. Köhnen, ca. 64 S., kart.,
ersch. April 1996
ca. DM 16,90, öS 125,–

Backgammon für Einsteiger
1690-5, von M. B. Fischer, E. Heyken, ca. 104 S., kart.,
ersch. April 1996
ca. DM 16,90, öS 125,–

Backgammon
60221-3, von G. W. Fink, G. Fuchs, 104 S., kart.
DM 12,90, öS 95,–

Carrom
1059-1, von H. Darnhofer, 88 S., kart.
DM 9,90, öS 73,–

Go für Einsteiger
1692-1, von H. Otake, S. Futakuchi, 176 S., kart.,
ersch. April 1996
DM 24,90, öS 185,–

Spielideen für Erwachsene
4844-0, von H. Baum, 160 S., geb.
DM 36,–, öS 268,–

Neue Spiele für Ihre Party
60051-2, von G. Blechner, 132 S., kart.
DM 14,90, öS 110,–

ISBN-Bestandteil: 3-8068- / bei Buchnummern, die mit der Ziffer 6 beginnen, lautet der ISBN-Bestandteil: 3-635-

Würfelspiele für jung und alt
2007-4, von F. Pruss, 64 S., kart.
DM 8,90, öS 65,–

Zaubertricks
0282-3, von J. Merlin, 160 S., kart.
DM 24,90, öS 185,–

Zaubern
2018-X, von D. Buoch, 80 S., kart.
DM 9,90, öS 73,–

Neue Kartentricks
2027-9, von K. Pankow, 88 S., kart.
DM 9,90, öS 73,–

Rätsel/Denksport

Das FALKEN Kreuzworträtsellexikon
4819-X, von K. Hammerschmidt, 850 S., geb.
DM 20,–, öS 148,–

Kreuzworträtsellexikon
60024-5, von D. Bein, 278 S., kart.
DM 12,90, öS 95,–

Knobeleien und Denksportaufgaben
60099-7, von K. Rechberger, ca. 120 S., kart.,
ersch. April 1996
ca. DM 9,90, öS 73,–

Kinderbeschäftigung

Lauter tolle Sachen, die Kinder gerne machen
4731-2, Hrsg.: U. Barff, 352 S., geb.
DM 39,90, öS 295,–

Bastelbuch für Kinder
4254-X, von U. Barff, I. Burckhardt, J. Maier, 224 S., geb.
DM 29,90, öS 220,–

Das 2. farbige Bastelbuch für Kinder
4530-1, von U. Barff, I. Burckhardt, 224 S., geb.
DM 29,90, öS 220,–

Heut basteln wir mit Pappe und Papier
4413-5, von U. Barff, J. Maier, 224 S., geb.
DM 29,90, öS 220,–

Basteln mit Kleinkindern
4747-9, von W. Kottke, I. Hübers-Kemink, 128 S., kart.
DM 29,90, öS 220,–

Basteln mit Pappe und Papier
4843-2, Hrsg.: U. Barff, 112 S., geb.
DM 29,90, öS 220,–

Basteln mit Naturmaterialien
4765-7, Hrsg.: U. Barff, 112 S., geb.
DM 29,90, öS 220,–

Aus alten Sachen Neues machen
4875-0, von D. Ruppert, ca. 112 S., geb.,
ersch. April 1996
ca. DM 29,90, öS 220,–

Einmal grad und einmal krumm
60048-2, von H. Witzig, 144 S., kart.
DM 12,90, öS 95,–

Schminken und Verkleiden
4773-8, von W. Stelzenhammer, Hrsg.: U. Barff, 128 S., geb.
DM 29,90, öS 220,–

Vorhang auf !
1688-3, von L. Wieland, ca. 96 S., kart.,
ersch. April 1996
ca. DM 14,90, öS 110,–

Neue Spielgeschichten und Theaterstücke
1631-X, von L. Wieland, 96 S., kart.
DM 14,90, öS 110,–

Lustige Kasperlestücke
1632-8, von P. Wilhelm, J. Steffen, 96 S., kart.
DM 14,90, öS 110,–

Kinder spielen Theater
4696-0, von G. Walter, 160 S., geb.
DM 29,90, öS 220,–

Kasperle kommt
1392-2, von T. Böhner, M. Ganser, K. Grissemann, 112 S., kart.
DM 16,90, öS 125,–

Unvergeßliche Kinderfeste
4855-7, von G. Hennekemper, 192 S., geb.
erscheint April 1996
ca. DM 15,–, öS 110,–

Unvergeßliche Kindergeburtstage
4705-3, von G. Hennekemper, 176 S., geb.
DM 29,90, öS 220,–

Unvergeßliche Kinderpartys
4756-8, von V. Mirschel, 112 S., geb.
DM 29,90, öS 220,–

Wir feiern eine Dschungelparty
1698-0, von P. Pfeiffer, ca. 64 S., kart.,
ersch. April 1996
ca. DM 14,90, öS 110,–

Kindergeburtstage
60013-X, von G. und G. Zimmermann, 116 S., kart.
DM 12,90, öS 95,–

Spiele für kleine und große Gruppen
4805-X, von S. Horak, 112 S., geb.
DM 29,90, öS 220,–

Das große bunte Spielebuch
4543-3, von R. Grabbet, 160 S., geb.
DM 29,90, öS 220,–

Spielen mit allen Sinnen
4874-2, von H. Braun, Hrsg.: U. Barff, 112 S., geb.
DM 29,90, öS 220,–

Kinderspiele
60021-0, von H. Müller-Stein, 114 S., kart.
DM 12,90, öS 95,–

Fingerspiele
60088-1, von G. Falkenberg, 72 S., kart.
DM 9,90, öS 73,–

Neue Reimspiele und Spielreime
1426-0, von L. Wieland, 64 S., kart.
DM 12,90, öS 95,–

Spielen mit den Allerkleinsten
4691-X, von S. Horak, 128 S., geb.
DM 29,90, öS 220,–

Spiele für Kleinkinder
60022-9, von D. Kellermann, 104 S., kart.
DM 11,90, öS 88,–

Spiele im Freien
60087-3, von G. Wagner, 88 S., kart.,
DM 12,90, öS 95,–

Spielbare Witze für Kinder
0824-4, von H. Schmalenbach, 112 S., kart.
DM 12,90, öS 95,–

Kinderleichte Kochrezepte für kleine Leute
4850-5, von K. Müller-Urban, illustriert von Walter Steinbeck, 128 S., geb.
DM 19,90, öS 148,–

Kinderleichte Weihnachtsbäckerei für kleine Leute
4849-1, von K. Müller-Urban, illustriert von Walter Steinbeck, 64 S., geb.
DM 14,90, öS 110,–

Komm, koch und back mit mir
4285-X, von S. und H. Theilig, illustriert von Bettina v. Hayek, 112 S., geb., **DM 19,90**, öS 148,–

Lirum, Larum, Löffelstiel
60073-3, von U. Bültjer, 80 S., kart.
DM 9,90, öS 73,–

Garten allgemein

Gärtnern macht den Kindern Spaß
4517-4, von U. Krüger, 96 S., geb.
DM 19,90, öS 148,–

FALKEN Gartenjahr
4730-4, von K. Greiner, A. Weber, P. Michaeli-Achmühle, 320 S., geb.
DM 39,90, öS 295,–

Mein Gartenbuch
4854-8, von H. Jantra, 320 S., geb.
DM 25,–, öS 185,–

Der Garten
4812-2, von H. Jantra, 384 S., geb.
DM 25,–, öS 185,–

Bauerngärten
4786-X, von U. Krüger, 128 S., geb.
DM 39,90, öS 295,–

Gestaltungsideen für den Wohngarten
4751-7, von H. Jantra, 120 S., geb.
DM 39,90, öS 295,–

Steingärten
4452-6, von A. Throll-Keller, 128 S., geb.
DM 39,90, öS 295,–

Moderne Gartengestaltung
1255-1, von K. Greiner, A. Weber, 128 S., kart.
DM 29,90, öS 220,–

Der pflegeleichte Hausgarten
1170-9, von H. Jantra, 112 S., kart.
DM 24,90, öS 185,–

Kleingärten
1015-X, von H. Jantra, 88 S., kart.
DM 19,80, öS 148,–

Reihenhausgärten
1016-8, von H. Jantra, 104 S., kart.
DM 19,90, öS 148,–

Erfolgstips für den Gemüsegarten
0674-8, von F. Mühl, 80 S., kart.
DM 19,90, öS 148,–

Pflanzen vermehren
1619-0, von P. Klock, 104 S., kart.
DM 19,90, öS 148,–

Schöne Kräutergärten
1256-X, von H. Jantra, 112 S., kart.
DM 19,80, öS 148,–

Erfolgstips für den Obstgarten
0827-9, von F. Mühl, 128 S., kart.
DM 19,80, öS 148,–

Ziergehölze
1562-3, von H. Jantra, 120 S., kart.
DM 29,90, öS 220,–

Gartenpflege leichtgemacht
1654-9, von E. Kötter,
Dr. C. Heyen, J. Böhringer, 96 S., kart.,
DM 19,90, öS 148,–

Der richtige Schnitt von Obst- und Ziergehölzen, Rosen und Hecken
0619-5, von E. Zettl, 88 S., kart.
DM 9,90, öS 73,–

Blumen, Stauden, Ziergehölze
4753-3, von K. Greiner, Dr. A. Weber, 384 S., geb.
DM 59,–, öS 435,–

Stauden
1376-0, von H. Jantra, 112 S., kart.
DM 24,90, öS 185,–

Rosen
4692-8, von H. Steinhauer, 144 S., geb.
DM 59,90, öS 440,–

Rosen richtig schneiden
1563-1, von J. Pleikies, 64 S., kart.
DM 19,90, öS 148,–

Rosen
1183-0, von H. Jantra, 104 S., kart.
DM 19,80, öS 148,–

Sommerblumen
1652-2, von J. Breschke, 112 S., kart.,
DM 19,90, öS 148,–

Wasser im Garten
4810-6, von H. Hendel, P. Keßeler, 208 S., geb.
DM 49,90, öS 370,–

Pflanzen und Tiere für den Gartenteich
1171-7, von W. Costa, 128 S., kart.
DM 19,90, öS 148,–

Mein kleiner Gartenteich
0851-1, von I. Polascheck, 144 S., kart.
DM 19,90, öS 148,–

FALKEN Lexikon Gartenteich
4778-9, von I. Polaschek, A. Fischer-Nagel, 216 S., geb., **DM 49,90**, öS 370,–

Gartenteiche, Tümpel und Weiher
1073-7, von Dr. F. Liedl, H. Goos, 80 S., kart.
DM 19,90, öS 148,–

Gesundes Gemüse
1653-0, von H. Jantra, 112 S., kart.,
DM 19,90, öS 148,–

Naturgemäß gärtnern
1377-9, von I. Gabriel, 112 S., kart.
DM 19,80, öS 148,–

Wühlmäuse und Maulwürfe
1664-6, von Dr. M. Fortmann, 72 S., kart.,
DM 19,90, öS 148,–

Schneckenbekämpfung
1378-7, von B. Meyer, Y. Thalheim, 64 S., kart.
DM 12,90, öS 95,–

Nützliche Tiere im Garten
1472-4, von I. Polaschek, 80 S., kart.
DM 19,90, öS 148,–

Gewächshäuser
1618-2, von J. Pinske, 96 S., kart.
DM 24,90, öS 185,–

Balkon, Terrasse und Dachgarten
4536-0, von H. Jantra, 152 S., geb.
DM 49,90, öS 370,–

ISBN-Bestandteil: 3-8068- / bei Buchnummern, die mit der Ziffer 6 beginnen, lautet der ISBN-Bestandteil: 3-635-

Blütenpracht auf Balkon und Terrasse
0928-3, von M. Haberer, 88 S., kart.
DM 19,90, öS 148,–

Kletterpflanzen
4546-8, von U. Mehl, K. Werk, 120 S., geb.
DM 46,–, öS 340,–

Zimmerpflanzen

Das moderne Handbuch Zimmerpflanzen
4416-X, von H. Jantra, 304 S., geb.
DM 49,90, öS 370,–

Zimmerpflanzen
4274-4, von Prof. Dr. G. Stelzner, 192 S., geb.
DM 39,90, öS 295,–

365 Erfolgstips für schöne Zimmerpflanzen
0893-7, von H. Jantra, 144 S., kart.
DM 19,90, öS 148,–

Orchideen
1188-1, von D. G. Schoser, 112 S., kart.
DM 29,90, öS 220,–

Kakteen
1429-5, von G. Andersohn, 160 S., kart.
DM 29,90, öS 220,–

Zimmer-Bonsai
1561-5, von W. M. Busch, 112 S., kart.
DM 24,90, öS 185,–

Hydrokultur
0944-5, von H.-A. Rotter, 144 S., kart.
DM 19,90, öS 148,–

Tiere allgemein

Katzen
4158-6, von B. Gerber, 176 S., geb.
DM 39,90, öS 295,–

Katzenkrankheiten
1078-8, von Dr. med. vet. R. Spangenberg, 104 S., kart.
DM 12,90, öS 95,–

Das neue Katzenbuch
60081-4, von B. Eilert-Overbeck, 112 S., kart.,
DM 12,90, öS 95,–

Wellensittiche
4840-8, von H. Bielfeld, 160 S., geb.
DM 39,90, öS 295,–

Alles über Wellensittiche
1129-6, von H. Bielfeld, 64 S., kart.
DM 12,90, öS 95,–

Alles über Papageien
1221-7, von H. Bielfeld, 80 S., kart.
DM 14,90, öS 110,–

Alles über Kanarienvögel
0901-1, von H. Schnoor, 64 S., kart.
DM 12,90, öS 95,–

Zwergkaninchen
1680-8, von M. Mettler, ca. 96 S., kart.,
ersch. April 1996
ca. DM 16,90, öS 125,–

Alles über Meerschweinchen
0809-0, von Dr. med. vet. E. M. Bartenschlager, 72 S., kart.
DM 12,90, öS 95,–

Alles über Zwerg- und Goldhamster
1012-5, von M. Mettler, 96 S., kart.
DM 12,90, öS 95,–

Zahme Ratten
1679-4, von M. Mettler, ca. 96 S., kart.,
ersch. April 1996
ca. DM 16,90, öS 125,–

Das Süßwasseraquarium
4752-5, von Dr. med. vet. J. Etscheidt, 224 S., geb.
DM 49,90, öS 370,–

Das Süßwasseraquarium
0153-3, von H. J. Mayland, 152 S., kart.
DM 19,90, öS 148,–

Hunde

Hunde
4118-7, von H. Bielfeld, 192 S., geb.
DM 49,90, öS 370,–

FALKEN Reihe:
Hundebibliothek
Ausstattung: zwischen 80 S. und 112 S., kartoniert
Preis: **DM 16,90**, öS 125,–

1469-4 Komm! Sitz! Platz!
1604-2 Hundekrankheiten erkennen und behandeln
1678-6 Ein junger Hund zieht ein **ersch. April 1996**
1677-8 Labrador, Retriever
1643-3 Golden Retriever **ersch. Mai 1996**
1644-1 Neufundländer und Landseer
1642-5 Yorkshire Terrier
1511-9 Mischlingshunde
1512-7 Streuner und Tierheimhunde
1596-8 Boxer **ersch. Mai 1996**
1597-6 Chihuahua
1514-3 West Highland White Terrier
1513-5 Schäferhunde

Die beliebtesten Hundenamen
1681-6, von H.-J. Schließke, 96 S., kart.,
DM 9,90, öS 73,–

Agility
4873-4, von L. Baumgart, ca. 144 S., geb.,
ersch. Mai 1996
ca. DM 29,90, öS 220,–

Das neue Hundebuch
60079-2, von W. Busak, 124 S., kart.,
DM 14,90, öS 110,–

Grundausbildung für Gebrauchshunde
4750-9, von M. Schmidt, W. Koch, 120 S., geb.
DM 29,90, öS 220,–

Erfolgreiche Hundeerziehung
4808-4, von U. Birr, 144 S., geb.
DM 29,90, öS 220,–

Der Deutsche Schäferhund
1091-5, von U. Förster, 112 S., kart.
DM 19,90, öS 148,–

Reisevideo

FALKEN Reihe: Reisevideos
Ausstattung: VHS, ca.
60 Min. Laufzeit, in Farbe,
Preis: **DM 39,95***, öS 319,–*

Venedig, **6146**-3

Berlin, **6177**-3

Dresden, **6187**-0

Florenz, **6147**-1

Hongkong, **6160**-9

London, **6159**-5

New York, **6151**-X

Paris, **6157**-9

Prag, **6165**-X

Rom, **6145**-5

Wien, **6158**-7

Ägypten, **6190**-0

Algarve, **6196**-X

Australien, **6185**-4

Azoren, **6197**-8

Bahamas, **6191**-9

Bali, **6149**-8

Costa Rica, **6203**-6

Dänemark, **6184**-6

Dominikanische Republik, **6163**-3

England, **6215**-X

Finnland, **6193**-5

Florida, **6154**-4

Griechische Inseln, **6166**-8

Hawaii, **6164**-1

Irland, **6167**-6

Kalifornien, **6152**-8

Kanada, **6178**-1

Kanarische Inseln, **6162**-5

Kuba, **6150**-1

Languedoc, Roussillon, Carmargue, **6214**-1

Malediven, **6156**-0

Mallorca, **6143**-9

Malta, **6204**-4

Mexiko, **6188**-9

Niederlande, **6189**-7

Neuseeland, **6226**-5, **ersch. April 1996**

Norwegen, **6161**-7

Provence, Côte D'Azur, **6213**-3

Schweden, **6192**-7

Seychellen, **6201**-X

Südafrika, **6211**-7

Thailand, **6155**-2

Toscana, **6148**-X

Tunesien, **6174**-9

Skiurlaub in USA, **6186**-2

USA Südwest, **6153**-6

Wales, **6216**-8,

Zypern, **6206**-0

ISBN-Bestandteil: 3-8068- / *unverbindliche Preisempfehlung

BESTELLSCHEIN

Erfüllungssort und Gerichtsstand für Kaufleute ist der jeweilige Sitz der Lieferfirma. Für alle übrigen Kunden gilt dieser Gerichtsstand für das Mahnverfahren. Falls durch besondere Umstände Preisänderungen notwendig werden, erfolgt Auftragserledigung zu dem bei Lieferung gültigen Preise.

Ich bestelle hiermit aus dem FALKEN Verlag GmbH,
Postfach 11 20, 65521 Niedernhausen/TS.,
durch die Buchhandlung:

Ex. ____________________

Ex. ____________________

Ex. ____________________

Ex. ____________________

Name: ____________________ Datum: ____________________

Straße: ____________________

Ort: ____________________ Unterschrift: ____________________

FALKEN

Der Spezialist für nützliche Bücher

Ein Bundesligaschiedsrichter geht seinen Pflichten nach

- **Pflichten der Schiedsrichter, wenn eine Regelverletzung begangen wird** Wird ein Spieler gefoult oder ein Spieler oder Trainer verletzt die Regeln, dann muß der Schiedsrichter zunächst pfeifen und dem Zeitnehmer per Handzeichen signalisieren, daß die Uhr gestoppt werden soll (siehe Seite 48). Erst wenn der Ball zum »toten Ball« erklärt wurde, zeigt der Schiedsrichter dem Anschreibertisch mit den entsprechenden Handzeichen das Vergehen an. Dies geschieht in der Reihenfolge, wie es im Schiedsrichterhandbuch beschrieben ist (siehe Seite 48 – 54).
- Wurde von einem Spieler ein persönliches Foul begangen, dann hat der Schiedsrichter darüber hinaus die Pflicht, ihm dies anzuzeigen. Der Spieler hingegen muß das Foul durch Hochheben seiner Hand bestätigen, wenn es vom Schiedsrichter ausdrücklich verlangt wird.

Persönliches Foul

Kommentar

Darauf besteht der Schiedsrichter meist dann, wenn der Spieler ihm zu verstehen gibt, daß er mit dem Pfiff nicht einverstanden ist. Durch das Handzeichen beugt sich der Spieler dem Kampfgericht sichtlich der Schiedsrichterentscheidung.

- Wird ein unsportliches, ein disqualifizierendes, ein technisches Foul oder ein Doppelfoul begangen, dann zeigt der Schiedsrichter dies unmittelbar dem Anschreibertisch an.
- Hat der Anschreiber das Foul zur Kenntnis genommen, es im Anschreibebogen eingetragen und das Foulanzeigeschild erhoben, kann das Spiel fortgesetzt werden. Der Schiedsrichter übergibt dafür einem Gegenspieler den Ball zum Einwurf.
- Die Schiedsrichter wechseln nach jeder Foul- oder Sprungballentscheidung ihre Position auf dem Spielfeld.

Pflichten des Anschreibers und des Anschreiberassistenten Der Anschreiber protokolliert den gesamten Spielverlauf. Vor dem Spiel trägt er Namen und Spielnummer aller Spieler und Ersatzspieler in den Anschreibebogen ein. Wird ihm dabei eine Regelverletzung auffällig, muß er dies umgehend einem Schiedsrichter melden.

Während des Spiels muß der Anschreiber

- chronologisch die erzielten Punkte vermerken;
- die persönlichen und technischen Fouls eines jeden Spielers eintragen und den ersten Schiedsrichter benachrichtigen, wenn ein Spieler das fünfte Foul erreicht hat (dies gilt für eine Spielzeit von 2 x 20 Minuten; bei einer Spieldauer von 4 x 12 Minuten nach dem sechsten Foul);
- die technischen Fouls der Trainer notieren und dem ersten Schiedsrichter signalisieren, wenn ein Trainer dem Spiel aufgrund dessen Fehlverhaltens nicht mehr beiwohnen darf;
- die Auszeiten eintragen, ihre Anzahl kontrollieren (zwei Auszeiten bei Spielen mit einer Spielzeit von 2 x 20 Minuten, drei bei 4 x 12 Minuten pro Halbzeit) und den Trainer durch den Schiedsrichter auf die zweite oder dritte Auszeit hinweisen;
- den Schiedsrichtern durch sein Signal andeuten, daß 50 Sekunden der Auszeit verstrichen sind;
- den Spielerwechsel veranlassen;
- jedem Spieler mit Hilfe eines Schildes die Anzahl seiner begangenen Fouls anzeigen, und zwar so, daß es auch für beide Trainer vollkommen unzweideutig sichtbar ist;
- die Mannschaftsfoul-Anzeige anwenden. Nach dem siebten Spielerfoul (nach dem vierten bei einer Spieldauer von 4 x 12 Minuten) stellt er einen roten Anzeiger an der Seite des Anschreibertisches auf, die am nächsten zu der Bank der Mannschaft ist, die das siebte Foul erreicht hat;
- darauf achten, daß er sein Signal nur dann betätigt, wenn die Spieluhr gestoppt ist.

Der Anschreiberassistent ist für die Anzeigetafel zuständig, die den korrekten Punktestand aufweist.

Pflichten des Zeitnehmers Zu den Aufgaben des Zeitnehmers gehört es,

- die Spielzeit und die Unterbrechungen gemäß den Regeln zu überwachen (sein Signal stoppt die Spieluhr – der Ball wird zum »toten Ball«);
- den ersten Schiedsrichter mehr als drei Minuten vor Beginn jeder Halbzeit zu informieren;

- die Auszeituhr zu bedienen und den Anschreiber zu informieren, daß dieser nach 50 Sekunden das Signal ertönen läßt;
- mit einem lauten Signal das Ende jeder Halbzeit anzugeben. Ist das Zeitnehmersignal defekt, muß er sich auf andere Weise dem ersten Schiedsrichter verständlich machen.

Pflichten des Dreißig-Sekunden-Zeitnehmers Der Dreißig-Sekunden-Zeitnehmer ist für die Dreißig-Sekunden-Uhr verantwortlich. Sie wird bedient, wie auf Seite 21 beschrieben.

REGEL 4 Spieler, Ersatzspieler und Trainer

Mannschaften Eine Mannschaft besteht aus

- höchstens zehn Spielern (bei einer Spieldauer von 4 x 12 Minuten oder bei Turnieren, bei denen eine Mannschaft mehr als drei Spiele bestreiten muß, sind maximal 12 Spieler gestattet);
- einem Trainer und bei Bedarf einem Trainerassistenten;
- einem Kapitän, der spielberechtigtes Mitglied sein muß.

Spieler und Ersatzspieler Während der Spielzeit sind auf dem Feld fünf Spieler vertreten, die entsprechend den Regeln ausgewechselt werden dürfen. Die restlichen Mannschaftsmitglieder bezeichnet man als Ersatzspieler.

Die Spielkleidung besteht aus Trikots und Shorts, die einheitlich und von gleicher Farbe sein müssen (Shorts und Trikot müssen aber nicht unbedingt in der Farbe identisch sein), sowie Schuhen und Socken. An Hemd und Hose ist ein Besatz erlaubt. Bei den FIBA-Hauptwettbewerben haben die Spieler einer Mannschaft auch farblich einheitliche Socken und einheitliche Schuhe zu tragen.

Die männlichen Spieler müssen die Hemden während des Spiels in die Shorts ziehen. Ein T-Shirt unter dem Trikot ist regulär, sofern es die gleiche Farbe wie das Trikot hat. Dies gilt auch für Hosen, die unterhalb der Shorts sichtbar sind. Die Trikots der Spieler müssen von 4 bis 15 durchnumeriert sein. Die Nummern unterscheiden sich farblich deutlich vom Trikot. Auf der Brust müssen sie mindestens 10 cm, auf dem Rücken mindestens 20 cm hoch sein. Der Streifen, aus dem die Nummern bestehen, ist mindestens 2 cm breit. Eventuelle Werbung auf den Hemden darf die Größe der Nummern nicht beeinträchtigen.

- Die Heimmannschaft tritt in hellen (am besten weiß), die Gastmannschaft in dunklen Trikots an.
- Es ist verboten, Gegenstände zu tragen, welche die am Spiel Beteiligten verletzten könnten, beispielsweise Schmuck, Kopfbedeckungen, Uhren, ferner Schutzvorrichtungen wie Verbände aus Leder, Kunststoff, Metall oder anderem harten Material. Die Spieler dürfen jedoch auf eigenes Risiko Brillen benutzen sowie Schutzgegenstände für Schulter, Oberarme, Ober- oder Unterschenkel und Kniestützen, wenn sie gut gepolstert sind. Weiterhin sind einfarbige, 5 cm breite Kopfbänder und Schutzkappen für eine gebrochene Nase erlaubt.

Pflichten und Rechte des Kapitäns Der Mannschaftskapitän kann den Schiedsrichter höflich um Auskünfte bitten, wenn der Ball tot und die Uhr gestoppt ist. Befindet er sich nicht auf dem Spielfeld, muß er dem ersten Schiedsrichter einen anderen Spieler als Spielkapitän nennen, der dann seine Rechte übernimmt.

Wenn eine Mannschaft mit den Entscheidungen des Schiedsrichters nicht einverstanden ist, darf der Kapitän um eine Erläuterung bitten

Pflichten und Rechte des Trainers Der Trainer gibt dem Anschreiber 20 Minuten vor dem Spiel die Namen und Nummern seiner Spieler an sowie die Namen des Trainers, des Mannschaftskapitäns und des Trainerassistenten. 10 Minuten vor Spielbeginn überprüft er die Eintragungen auf dem Anschreibebogen, unterschreibt ihn und kennzeichnet die fünf Spieler, die das Spiel beginnen werden.

Während des Spiels darf nur der Trainer stehen und der Mannschaft Anweisungen geben. Nur er kann eine Auszeit beantragen und mit dem Tischkampfgericht in Kontakt treten; dies hat bei gestoppter Uhr und stets in höflicher Form zu geschehen. Will der Trainer einen Spieler auswechseln, muß sich der Ersatzspieler beim Anschreiber melden.

Kommentar

Kommt ein Spieler zu spät, kann er am Spiel noch teilnehmen, sofern er vor Spielbeginn auf dem Anschreibebogen eingetragen wurde.

Ein Trainerassistent übernimmt die Aufgaben des Trainers, wenn dieser nicht in der Lage ist, sein Amt auszuüben. Dafür ist es notwendig, daß der Name des Trainerassistenten vor Spielbeginn auf dem Spielbogen eingetragen wurde. Ist kein Trainerassistent vorhanden, kann der Mannschaftskapitän als Trainer fungieren.

REGEL 5 Zeitvorschriften

Spielzeit Ein Basketballspiel besteht aus zwei Halbzeiten von je 20 Minuten oder aus vier Zeitperioden von je 12 Minuten mit zweiminütigen Pausen zwischen der ersten und zweiten sowie der dritten und vierten Periode. Die Spieldauer wird von den zuständigen Bereichen der FIBA festgelegt (bei WM durch das Zentralkomitee der FIBA, bei nationalen oder örtlichen Wettbewerben durch den nationalen oder örtlichen Veranstalter).

Die Halbzeitpause dauert 10 oder 15 Minuten.

Betätigen der Spieluhr Die Spieluhr wird betätigt, wenn

- ein Spieler den Ball nach einem Sprungball getippt hat;
- ein Spieler den Ball nach einem erfolglosen Freiwurf berührt;
- ein Spieler den Ball nach einem Einwurf berührt.

Die Zeit wird gestoppt, wenn

- eine Halbzeit oder eine Spielperiode abgelaufen ist;
- ein Schiedsrichter pfeift;
- das Dreißig-Sekunden-Signal zu hören ist;
- der Trainer eine Auszeit nimmt (nach einem Korberfolg der gegnerischen Mannschaft).

■ **Dreißig-Sekunden-Regel** Eine Mannschaft hat für ihren Angriff 30 Sekunden lang Zeit. Innerhalb dieses Zeitraums muß ein Korbversuch erfolgen. Geschieht dies nicht, ist es ein Verstoß gegen die Dreißig-Sekunden-Regel, der durch ein Signal angezeigt wird.

■ Die Dreißig-Sekunden-Anlage wird betätigt, sobald ein Spieler Kontrolle über den Ball erlangt. Die Uhr wird gestoppt und auf 30 Sekunden zurückgestellt, wenn eine Mannschaft nicht mehr in Ballbesitz ist. Erst wenn wieder ein Spieler den Ball kontrolliert, beginnt eine neue Dreißig-Sekunden-Periode. Das bloße Berühren des Balles durch einen Gegenspieler hat keinen Einfluß auf die Uhr.

■ Ging der Ball ins Aus (die Spieluhr wurde gestoppt), wird die Dreißig-Sekunden-Anlage nicht zurückgestellt, wenn dieselbe Mannschaft Einwurf hat. Dies gilt auch, wenn das Spiel durch mehrere Aktionen der ballführenden Mannschaft unterbrochen wurde oder wenn ein Schiedsrichter pfeift (die Spieluhr wird angehalten), um einen verletzten Spieler dieser Mannschaft Hilfe zu gewähren. Nach der Unterbrechung läuft die Uhr dann von dem Zeitpunkt an weiter, wo sie gestoppt wurde.

■ **Angerechnete Auszeit** Jede Mannschaft hat pro Halbzeit das Recht auf zwei angerechnete Auszeiten von der Dauer einer Minute. Bei jeder Spielverlängerung steht ihr eine weitere zu. Bei einer Spieldauer von 4 x 12 Minuten hat jede Mannschaft drei Auszeiten innerhalb von zwei Spielperioden; bei jeder Verlängerung ist eine Auszeit gestattet.

■ Nicht beanspruchte Auszeiten sind nicht auf die zweite Halbzeit oder Verlängerung übertragbar.

■ Die Spieler dürfen während der Auszeit auf der Mannschaftsbank Platz nehmen.

■ Benötigt der Trainer, der die Auszeit beantragt hat, nicht die ganze Minute, muß das Spiel schnellstmöglich wieder aufgenommen werden.
Der Trainer oder Trainerassistent beantragt die Auszeit beim Anschreiber. Er verständigt den Schiedsrichter zunächst durch sein Signal, wenn

- das Spiel unterbrochen wird, der Ball also tot ist;
- der Schiedsrichter ein Foul anzeigt (der Anschreiber wartet aber mit dem Signal, bis die Foulanzeige beendet ist);

- der Gegner einen Korb erzielt hat, nachdem die Auszeit beantragt wurde (der Antrag muß gestellt sein, bevor der Ball die Hand des Werfers verläßt).

■ Ein Trainer kann keine Auszeit nehmen, wenn ein Spieler Freiwürfe schießt; erst wenn die Uhr erneut gestoppt wird, nachdem der Ball gespielt wurde, besteht wieder die Möglichkeit für eine Auszeit. Ausnahmen:

- Ein Foul ereignet sich zwischen Freiwürfen.
- Ein Spieler wird nach den Freiwürfen gefoult, oder jemand verstößt gegen die Regeln, noch ehe der Ball gespielt wird.

Begeht ein Spieler sein fünftes (bzw. sechstes) Foul, stehen dem Trainer 30 Sekunden für den Wechsel zur Verfügung.

■ **Verletzung von Spielern oder Schiedsrichtern** Kommt es zu Verletzungen von Spielern, darf der Schiedsrichter das Spiel unterbrechen. Er sollte mit seinem Pfiff so lange warten, bis die Spielaktion abgeschlossen ist. Wenn es den Umständen entspricht, kann er aber auch unmittelbar pfeifen.

■ Muß das Spiel aufgrund eines verletzten Spielers unterbrochen werden, wird die Auszeit nicht angerechnet, sofern der Spieler nach 15 Sekunden weiterspielen kann oder innerhalb einer Minute ersetzt wird. Erholt sich der Spieler in diesem Zeitraum wieder, darf er weiterspielen; die Unterbrechung wird seiner Mannschaft aber als Auszeit gewertet. Ausnahme: Die Mannschaft muß das Spiel mit weniger als fünf Spielern bestreiten.

■ Wurden dem verletzten Spieler Freiwürfe zuerkannt, darf der Ersatzspieler sie ausführen.

■ Der Schiedsrichter hat die Pflicht, jeden Spieler, der blutet oder eine offene Wunde hat, vom Spielfeld zu schicken. Der Verletzte darf erst wieder mitspielen, wenn die Blutung zum Stillstand gekommen und vollständig und sicher verbunden ist.

■ Verletzt sich ein Schiedsrichter oder kann er aus einem anderen Grund das Spiel nicht innerhalb von 10 Minuten weiterführen, darf der andere Schiedsrichter das Spiel alleine pfeifen, sofern kein Ersatz verfügbar ist.

■ **Punktgleichheit und Verlängerungen** Steht es am Ende der Spielzeit unentschieden, wird das Spiel um jeweils 5 Minuten verlängert, bis eine Mannschaft als Sieger hervorgeht.

■ Vor jeder Verlängerung wird eine zweiminütige Pause gestattet. Die Mannschaften losen vor der ersten Verlängerung die Körbe aus; bei jeder weiteren Verlängerung wechseln sie die Seiten.

■ Verlängerungen beginnen jeweils mit einem Sprungball im Mittelkreis.

Während der Auszeit hat ein Trainer die besten Möglichkeiten, auf das Spiel seiner Mannschaft Einfluß zu nehmen

- **Spielentscheidung** Gewinner des Spiels ist die Mannschaft, die innerhalb der Spielzeit die größere Punktzahl erzielt hat.
- Das Spiel beginnt immer mit einem Sprungball im Mittelkreis. Beide Mannschaften müssen dabei mit jeweils fünf Spielern spielbereit auf dem Feld sein.
- Zu Beginn der zweiten Halbzeit werden die Seiten gewechselt.

- **Zustand des Balles** Man spricht von einem belebten Ball, wenn er bei einem Sprungball von einem Spieler getippt wurde, nachdem der Ball wieder im Fallen ist, wenn er nach einem Einwurf von außen von einem Spieler auf dem Feld berührt wird und wenn ein Spieler Freiwürfe schießt.
- Der Ball wird hingegen als toter Ball erklärt, wenn
  - ein Korb erzielt wurde;
  - ein Schiedsrichter pfeift;
  - nach einem Freiwurf ein weiterer oder eine andere Strafe folgt;
  - das Signal der Dreißig-Sekunden-Uhr ertönt;
  - die Halbzeit oder Spielzeit abgelaufen ist.
- 1. Ausnahme: Befindet sich der Ball bei einem Freiwurf oder Feldkorbversuch im Flug, während ein Pfiff, das Dreißig-Sekunden-Signal oder die Schlußsirene ertönt, bleibt der Ball belebt und der Korb zählt.

Kommentar

Dies ist nur in dem kurzen Zeitraum möglich, in dem der Spieler nicht mehr aktiv eingreifen kann, d. h. der Ball seine Flugbahn vollendet.

- 2. Ausnahme: Wird ein Spieler in der Wurfaktion gefoult (der Ball ist noch unter seiner Kontrolle) und führt er die Aktion kontinuierlich aus, dann zählt der Treffer, obwohl der Schiedsrichter zuvor wegen des Fouls gepfiffen hat.

Sprungball

Kommentar

Damit hat der Spieler die Möglichkeit, seine Aktion erfolgreich zu beenden, die er vor der Unterbrechung begonnen hatte. Er wird mit einem Freiwurf quasi dafür belohnt, daß er eine Korbaktion unter »erschwerten Bedingungen« durchgeführt hat.

Standort eines Spielers und eines Schiedsrichters Als Standort eines Schiedsrichters oder Spielers wird die Stelle bezeichnet, wo er den Boden berührt. Springt der Spieler in die Luft, behält er den Status, den er zuletzt am Boden hatte.

Sprungball Ein Sprungball wird im Kreis zwischen zwei Gegenspielern durchgeführt. Dabei wirft der Schiedsrichter den Ball zwischen den Spielern in die Höhe, damit er von einem Spieler mit der Hand getippt werden kann.

Ein Schiedsrichter kann in mehreren Situationen auf Sprungball entscheiden.

1. Man spricht auch von Halteball, wenn zwei Gegenspieler um den Ball kämpfen (beide haben wenigstens eine Hand am Ball), ohne daß einer in Kürze in Ballbesitz kommen kann. Sind mehrere Spieler darin verwickelt, bestimmt der Schiedsrichter zwei etwa gleich große Spieler für den folgenden Sprungball.

2. Wenn der Ball ins Aus geht und von zwei Gegenspielern gleichzeitig berührt wurde oder die Schiedsrichter nicht eindeutig bestimmen können, wer den Ball zuletzt berührt hat.

3. Wenn sich der Ball bei einem Schußversuch oder einem Paß in der Korbaufhängung verfangen hat.

4. Wenn sich Strafen von gleicher Schwere aufheben.

5. Wenn der Ball aus Versehen von unten in den Korb geht.

Bei den beschriebenen Situationen (2.–5.) wird der Sprungball zwischen zwei beliebigen Gegenspielern durchgeführt.

Beim Sprungball sind folgende Bestimmungen zu berücksichtigen:

Halteball

- Die Springer müssen in der Hälfte des Kreises stehen, die ihren eigenen Körben am nächsten liegt. Dabei muß jeder einen Fuß nahe des Mittelpunktes der Linie plazieren.
- Der Schiedsrichter muß den Ball so zwischen den Spielern senkrecht hochwerfen, daß er für die Spieler im Sprung nicht erreichbar ist, und so, daß er zwischen ihnen herabfallen wird.
- Nachdem der Ball seinen höchsten Punkt erreicht hat, muß er von mindestens einem Springer getippt werden.
- Erst nach dem Tippen dürfen die Springer ihre Position verändern.
- Der Ball darf vom Springer nicht gefangen oder mehr als zweimal berührt werden.
- Bis der Ball getippt wurde, müssen die anderen Spieler außerhalb des Kreises bleiben.
- Fällt der Ball ohne Berührung zu Boden, wird der Sprungball wiederholt.
- Zwei Spieler einer Mannschaft können nicht am Kreis nebeneinander stehen. Es muß sich ein Gegenspieler dazwischen stellen.

Wie der Ball gespielt wird Der Ball muß mit den Händen gespielt werden; ihn zu treten, mit der Faust zu schlagen oder mit ihm zu laufen gilt als Regelübertretung, sofern es absichtlich geschieht.

Ballkontrolle Ein Spieler hat Ballkontrolle, wenn er einen belebten Ball hält oder dribbelt oder den Ball für einen Einwurf erhält.

Eine Mannschaft besitzt so lange Ballkontrolle, bis ein Gegenspieler den Ball kontrolliert, der Ball zum toten Ball wird oder bei einem Korbwurf nicht mehr die Hand des Werfers berührt.

Spieler in der Korbwurfaktion Man unterscheidet drei Arten des Korbwurfes:

1. Wurf: Der Ball wird in einer oder in

Wurf

Beim Dunking wird der Ball von oben in den Korb gedrückt

Foul in der Korbwurfaktion. Ein dabei erzielter Korb zählt

beiden Händen gehalten und durch die Luft geworfen.

2. Dunking: Der Ball wird kraftvoll von oben in den Korb „gedrückt".

3. Tip: Der Ball wird aus der Luft in den Korb getippt.

Eine Korbwurfaktion dauert so lange, bis der Ball die Hand des Spielers verlassen hat oder der Werfer mit beiden Beinen wieder auf dem Boden steht, sofern er aus der Luft geschossen hat.

■ Ein Foul in der Korbwurfaktion setzt voraus, daß ein Spieler in der kontinuierlichen Bewegung zum Korbwurfversuch von einem Gegenspieler regelwidrig unterbrochen wurde. Kann trotzdem ein Korb erzielt werden, zählt er auch dann, wenn der Ball die Hand des Werfers erst nach dem Pfiff verlassen hat. Der Korb zählt nicht, wenn der Spieler nach dem Pfiff zu einer neuen Korbaktion ansetzt.

■ Tippt ein Spieler den Ball beim Sprungball direkt auf den Korb, wird dies nicht als Korbwurfaktion bewertet.

- **Korberfolg und seine Wertung** Es wird als Korberfolg bezeichnet, wenn ein belebter Ball von oben in den Korb fällt. Für einen Korberfolg gibt es drei Bewertungskategorien: Ein Freiwurf zählt einen Punkt, ein Korb aus dem Feldspiel zwei Punkte und ein Treffer hinter der Drei-Punkte-Linie drei Punkte.
- Trifft eine Mannschaft zufällig den eigenen Korb, dann werden die Punkte so gewertet, als hätte der Kapitän der gegnerischen Mannschaft den Korb erzielt. Geschieht dies hingegen absichtlich, kommt es einer Regelübertretung gleich.

- **Einwurf** Nach einem Feldkorb oder dem erfolgreichen letzten Freiwurf erhält die gegnerische Mannschaft den Ball zum Einwurf. Der Spieler steht dabei hinter der Endlinie und bringt den Ball ins Spiel, d. h., er paßt ihn einem Mitspieler auf dem Feld zu. Der Schiedsrichter sollte den Ball dabei nicht in die Hand nehmen, es sei denn, das Spiel kann dadurch schneller fortgesetzt werden. Gegenspieler des Einwerfers dürfen den Ball nach Korberfolg nicht mehr berühren. Sofern dies nicht mit voller Absicht geschieht, handelt es sich nicht um ein technisches Foul. Ausnahme: Nach Freiwürfen wegen eines technischen oder disqualifizierenden Fouls eines Trainers oder wegen eines unsportlichen Fouls eines Spielers erfolgt der Einwurf immer an der Mittellinie, gegenüber dem Anschreibertisch.
- Zum Einwurf kommt es auch nach einer Regelverletzung oder irgendeiner Spielunterbrechung. Dabei übergibt der Schiedsrichter aber den Ball an einen Spieler und weist ihm die Stelle des Einwurfs zu, die dem Punkt am nächsten liegt, an dem das Foul begangen oder das Spiel unterbrochen wurde. Ausnahme: Hinter dem Spielbrett findet kein Einwurf statt.
- Der Einwerfer hat folgendes zu beachten:
  - Er darf nicht mehr als einen Schritt (ca. 1 m) von der ihm zugewiesenen Stelle weichen (außer nach hinten), bis der Einwurf erfolgt ist, d. h. der Ball seine Hand verlassen hat. Auf keinen Fall darf er in das Spielfeld treten.
  - Bevor der Einwerfer auf dem Feld wieder Kontakt mit dem Ball hat, muß er von einem anderen Gegenspieler berührt worden sein.
  - Er hat 5 Sekunden Zeit, den Ball abzugeben.
  - Der Ball kann nicht über das Spielbrett hinweg zu einem Spieler gepaßt oder ins Aus oder direkt in den Korb geworfen werden.
- Kein Spieler, außer dem Einwerfer, darf während des Einwurfs mit einem Körperteil außerhalb des Spielfeldes sein.

Kommentar

Hat der Einwerfer außerhalb des Spielfeldes weniger als 2 m Platz, müssen alle Spieler mindestens 1 m von ihm Abstand halten.

- Werden diese Vorschriften nicht beachtet, gilt dies als Regelübertretung, und der Ball wird der Gegenmannschaft zum Einwurf zuerkannt.

- **Spielerwechsel** Ein Trainer kann unbeschränkt oft einen Spielerwechsel vornehmen.
- Im Augenblick des Antrags müssen die Ersatzspieler zum Eintreten ins Feld bereit sein und so lange außerhalb bleiben, bis der Schiedsrichter den Wechsel genehmigt.
- Der Anschreiber signalisiert dem Schiedsrichter, daß ein Spielerwechsel angemeldet wurde, wenn die Spieluhr gestoppt, der Ball zum toten Ball wird oder nachdem der Schiedsrichter eine Foulanzeige gemacht hat. Auf jeden Fall muß der Anschreiber dem Schiedsrichter den Wechsel anzeigen, bevor der Ball wieder ins Spiel geht.
- Der Spielerwechsel hat so schnell wie möglich zu erfolgen, andernfalls wird der Mannschaft wegen Verzögerung eine Auszeit angerechnet.
- Folgende Bedingungen sind zu berücksichtigen:
  - Nach einem Foul darf nur die Mannschaft wechseln, die auch den Einwurf ausführen wird. Die gegnerische Mannschaft hat dann die Möglichkeit mitauszuwechseln.
  - Ein Spieler, der Freiwürfe ausführt, kann ausgewechselt werden, wenn der Wechsel angemeldet war, bevor der Ball zum Freiwurf ins Spiel ging oder sein letzter Freiwurf erfolgreich war. Auch hier erhält der Gegner wieder die Chance, ebenfalls einen Spielerwechsel durchzuführen. Zwischen den Freiwürfen kann nicht gewechselt werden.
  - Ereignet sich während des Freiwurfschießens ein Foul, kann danach der Wechsel erfolgen; er muß aber abgeschlossen sein, bevor der Ball für die neue Foulstrafe ins Spiel kommt.
  - Ein Spieler, der einen Sprungball ausführt, kann nicht ersetzt werden.
  - In der Phase des Wechsels darf der Spieler das Feld nicht wieder betreten, ebenso darf der Einwechselspieler das Spielfeld nicht verlassen.
  - Ein Spielerwechsel während einer Auszeit ist möglich; der Ersatzspieler muß sich beim Anschreiber melden.
  - Der Antrag auf Spielerwechsel kann zurückgenommen werden, bevor das Signal des Anschreibers ertönt.

■ **Beendigung einer Spielperiode oder eines Spiels** Das Spiel, die Halbzeit oder eine Spielperiode ist zu Ende, wenn das Zeitnehmersignal ertönt. Ereignet sich mit der Schlußsirene ein Foul, werden eventuelle Freiwürfe ausgeführt (siehe auch Seite 44).

■ **Verlust der Spielberechtigung** Eine Mannschaft verliert ihre Spielberechtigung, sofern sie

- sich weigert zu spielen;
- verhindert, daß das Spiel stattfinden kann;
- sich mehr als 15 Minuten verspätet oder nicht mit fünf Spielern beginnen kann.

■ Zur Strafe wird das Spiel als verloren (20:0) gewertet.

■ **Verlust der Spielberechtigung (weniger als zwei Spieler)** Eine Mannschaft hat ebenso kein Recht mehr zu spielen, wenn sie weniger als zwei Spieler auf das Feld bringen kann. Sie hat das Spiel dann verloren, kann sich aber einen Wertungspunkt für die Klassifizierung erhalten, sofern sie zum Zeitpunkt des Spielabbruchs in Führung liegt. Andernfalls bleibt das Ergebnis bestehen.

REGEL 7 Regelübertretungen

■ **Regelübertretungen** Zuwiderhandeln der Regeln ist eine Regelübertretung und wird mit Ballverlust bestraft, d. h. der Gegner bekommt einen Einwurf und damit den Ballbesitz zugesprochen.

■ **Spieler im Aus – Ball im Aus** Der Ball ist im Aus, wenn er mit einer Person oder einem Gegenstand auf, über oder außerhalb der Linie, der Korbbefestigung oder der Rückseite der Spielbretter in Kontakt gerät.
Derjenige, der den Ball zuletzt berührt hat, ist Verursacher des Ausballs, d. h. sein Gegner bekommt den Ball zum Einwurf.

■ Ein Spieler befindet sich im Aus, wenn er mit einem Körperteil die Grenzlinie selbst oder den Boden außerhalb des Feldes berührt.

■ **Dribbeln** Dribbling bedeutet, Kontrolle über den Ball zu haben. Ein Spieler dribbelt den Ball, wenn er ihn wirft, tippt oder am Boden rollt. Nimmt der Spieler den Ball in eine Hand oder in beide Hände, ist das Dribbling beendet. Wenn kein Kontakt mit dem Ball besteht, dürfen beliebig viele Schritte gemacht werden.

Dribbling

- Es handelt sich nicht um Dribbling, wenn
  - ein Spieler mehrmals hintereinander auf den Korb wirft;
  - der Ball zufällig beim Fangen oder Passen durch die Hände rutscht (Fumble) und man wieder Kontrolle über ihn gewinnt;
  - der Ball einem anderen Spieler weggetippt wird;
  - ein Zuspiel abgefangen wurde und der Ball so wieder in den eigenen Besitz gelangt;
  - der Ball von einer Hand zur anderen geworfen wird und dabei zur Ruhe kommt, ohne daß dabei eine Schrittfehlerregelung verletzt wird.
- Hat ein Spieler sein Dribbling beendet, kann er nicht erneut damit beginnen. Außer, er hat den Ball verloren,
  - weil er auf den Korb geworfen hat;
  - weil ihm der Ball von einem Gegenspieler weggetippt wurde;
  - aufgrund eines Zuspiels oder Fumbles, sofern der Ball danach von einem anderen Spieler berührt wurde.
- Der Ball kann nicht gegen das Spielbrett geworfen und wieder gefangen werden, bevor er von einem anderen Spieler berührt wurde. Ausnahme: Es handelt sich um einen Schußversuch.

- **Schritte** Ein Spieler, der einen belebten Ball hält, kann mit einem Fuß Schritte machen, sofern der andere Fuß (das sogenannte Standbein oder auch der Pivot-Fuß) fest auf dem Boden bleibt. Man sagt auch, der Spieler »pivotiert«.
- Welchen Fuß ein Spieler mit Ball zum Standfuß macht, ist beliebig. Sobald er aber einen Fuß anhebt, wird sein anderer automatisch zum Pivot-Fuß, vorausgesetzt, der Spieler, der den Ball fängt, steht mit beiden Füßen fest auf dem Boden.
- Nimmt ein Spieler den Ball beim Dribbeln oder in der Bewegung auf, darf er stoppen und seinen Standfuß bestimmen, wenn beide Füße über dem Boden sind und er gleichzeitig mit beiden Füßen landet. Das Standbein ist hingegen festgelegt, wenn seine Füße nacheinander Bodenkontakt gewinnen; der erste Fuß, der den Boden berührt, ist dann der Standfuß.
- Hat der Spieler seinen Pivot-Fuß festgelegt, darf er den Fuß bei einem Zuspiel oder Korbwurfversuch anheben; bevor er ihn wieder aufsetzt, muß der Ball aber seine Hände verlassen haben. Auch bei Beginn des Dribblings darf ein Spieler den Pivot-Fuß nicht anheben, ohne daß er zuvor den Ball aus seinen Händen entlassen hat.
- Wer sich mit dem Ball mit einem oder beiden Füßen ohne Berücksichtigung dieser Regel fortbewegt, begeht Schrittfehler – eine Regelverletzung, die zum Ballbesitz für den Gegner führt.

Drei-Sekunden-Regel Durch die Drei-Sekunden-Regel ist der Aufenthalt eines Spielers, dessen Mannschaft Ballkontrolle hat, in der begrenzten Zone des Gegners beschränkt; er darf sich dort nicht länger als 3 Sekunden aufhalten. Gezählt wird ab dem Moment, wo der Einwerfer den Ball außerhalb des Spielfeldes zur Verfügung hat.
Die Drei-Sekunden-Regel gilt nicht,

- solange der Ball während eines Korbwurfes in der Luft ist;
- bei einem Rebound;
- wenn der Ball tot ist.

Wenn sich ein Spieler weniger als 3 Sekunden in der begrenzten Zone aufgehalten hat und im Begriff ist, einen Korb zu machen, sollte dies vom Schiedsrichter mit Nachsicht betrachtet werden.

Bei naher Bewachung muß der Ball innerhalb fünf Sekunden abgespielt werden

Nah bewachter Spieler Wird ein Spieler, der den Ball hält, von seinem Gegner nah bewacht, muß er den Ball innerhalb von 5 Sekunden loswerden – er kann ihn passen, rollen, werfen oder dribbeln.

Zehn-Sekunden-Regel Eine Mannschaft, die in ihrem Rückfeld in Ballbesitz kommt, muß innerhalb von 10 Sekunden den Ball ins Vorfeld (also über die Mittellinie) bringen. Der Ball muß das Vorfeld oder einen Spieler im Vorfeld berühren, sonst handelt es sich um einen Verstoß gegen die Zehn-Sekunden-Regel und wird mit Ballverlust bestraft.

Spielen des Balles ins Rückfeld Ein Spieler, dessen Mannschaft den Ball in ihrem Vorfeld kontrolliert, darf ihn nicht mehr ins Rückfeld passen oder ihn berühren, wenn er von ihm oder einem Mitspieler zurückgespielt wurde – dies gilt bei allen Spielsituationen, auch für die Einwürfe. Ausnahme: Der Einwurf wird vom Mittelpunkt der Seitenlinie ausgeführt.
Rückspiel wird mit Ballverlust bestraft.

Kommentar

Wird der Ball von einem Verteidiger ins Rückfeld abgelenkt, können ihn anschließend Spieler beider Mannschaften aufnehmen.

Wenn der Ball die Hand des Werfers vor Ablauf der Zeit verläßt, zählt der Korb

- **Stören des Balles beim Angriff und bei der Verteidigung** Befindet sich der Ball bei einem Korbwurf im Herabfallen vollständig über dem Ringniveau, darf er von keinem Spieler mehr berührt werden. Dies gilt auch für den Korb und das Spielbrett. Erst wenn der Ball den Ring berührt hat oder abzusehen ist, daß der Ball den Ring nicht erreicht, wird diese Einschränkung hinfällig. Generell darf ein Verteidigungsspieler weder Ball noch Korb berühren, während sich der Ball im Korb befindet.
- Stört ein Angriffsspieler den Ball, ist der Korbwurf ungültig, und der Gegner erhält den Ball an der Seite in Höhe der Freiwurflinie zum Einwurf.
- Wird die Regel hingegen von einem Verteidigungsspieler übertreten, zählt der Korbwurfversuch zwei Punkte (drei Punkte, sofern aus dem Drei-Punkte-Bereich geworfen wurde), und der Einwurf erfolgt hinter der Endlinie, so, als wäre der Korbwurf erfolgreich gewesen.
- Hat der Ball bei einem Korbwurf die Hand eines Spielers verlassen, kurz bevor die Spielzeit abgelaufen ist, dann zählt der Wurf noch, sofern der Ball direkt in den Korb gegangen ist. Kommt der Ball nur an den Ring und ein Verteidigungsspieler berührt Ball, Korb oder Spielbrett, zählt der Korb. Begeht ein Angriffsspieler diese Regelübertretung, wird der Korb nicht mehr gewertet, selbst dann nicht, wenn er tatsächlich erzielt wurde.

REGEL 8 Persönliche Fouls

- **Fouls** Als Foul bezeichnet man eine Regelverletzung, bei der persönlicher Kontakt mit einem Gegner oder unsportliches Verhalten vorliegt.
- Ein Foul wird vom Anschreiber notiert und den Regeln entsprechend bestraft.

- **Kontakt** Auch wenn Basketball eigentlich ein Spiel ohne Körperkontakt ist, so kann dies auf dem begrenzten Spielfeld nicht immer vermieden werden. Es ist jedoch zu unterscheiden, ob ein Kontakt auf Zufälligkeit beruht und der Gegenspieler dadurch nicht benachteiligt wird oder ob der Kontakt in voller Absicht geschieht.
- Ein Kontakt von hinten kann nicht als normale Basketballaktion bezeichnet werden (der hintere Spieler ist gewöhnlich für den Kontakt verantwortlich) und führt deshalb zu einer Bestrafung.

Kommentar

Ein Schiedsrichter hat stets abzuwägen, ob ein persönlicher Kontakt hätte vermieden werden können, d. h. ob der Spieler gemäß dieser Pflicht agiert hat.

- **Persönliches Foul** Ein persönliches Foul liegt vor, wenn ein Spieler ein Foul mit Körperkontakt begeht, egal ob der Ball belebt, im Spiel oder tot ist.
Es ist verboten, einen Spieler zu blockieren, zu stoßen oder festzuhalten. Kein Spieler darf einem Gegner ein Bein stellen oder ihn mit Hilfe von Arm, Schulter, Hüfte, Knie, Fuß oder irgendeiner anderen rohen Aktion behindern.
- Die Verstöße im einzelnen:
  - Blockieren: Persönlicher Kontakt, wobei der Gegenspieler in seiner Fortbewegung behindert wird.
  - Charging (Rempeln): Persönlicher Kontakt, der durch Stoßen oder durch Hineinlaufen in den Gegner entsteht. Es hat keinen Einfluß, ob der Täter in Ballbesitz ist oder nicht.

Foul!

- Verteidigen im Rücken eines Spielers: Persönlicher Kontakt im Rücken. Der Verteidiger darf beim Versuch, den Ball zu spielen, seinen Gegenspieler nicht berühren.
- Handchecking: Der Verteidiger darf seinen Gegner nicht mit einer oder mit beiden Händen berühren, um ihn zu behindern oder ihn auf diese Art und Weise zu kontrollieren.
- Halten: Persönlicher Kontakt, bei dem der Gegenspieler in seiner Bewegungsfreiheit eingeschränkt wird. Dies kann mit jedem Körperteil verursacht werden.
- Regelwidriger Gebrauch der Hände: Ein Spieler darf beim Versuch, den Ball zu spielen, seinen Gegenspieler nicht mit den Händen berühren. Die Berührung wird als zufällig betrachtet, wenn der Kontakt an der Hand des Gegners stattfindet, während dieser ebenfalls den Ball berührt.
- Pushing (Stoßen): Ein Spieler versucht mit irgendeinem Körperteil, seinen Gegenspieler mit Gewalt zu bewegen.
- Regelwidriges Sperren: Ein Spieler darf einen Gegenspieler, der den Ball nicht kontrolliert, nicht regelwidrig aufhalten oder ihn hindern, eine beliebige Position auf dem Feld einzunehmen.

Blockieren

Rempeln

Verteidigen im Rücken

Pushing

Halten

Foul in der Korbwurfaktion

- Bei allen Verstößen wird dem Täter ein persönliches Foul angeschrieben. Abhängig davon, ob ein Spieler während einer Korbwurfaktion gefoult wurde oder nicht, treten folgende Regelungen in Kraft:
- Bei einem Foul während der Korbwurfaktion zählt der Korb, und zusätzlich wird ein Freiwurf zuerkannt, sofern trotz Foulspiels ein Korb erzielt wurde. War der Korbwurf erfolglos, erhält der Spieler zwei Freiwürfe (drei Freiwürfe bei einem Drei-Punkte-Wurf).
- War der gefoulte Spieler nicht in einer Korbwurfaktion, erhält seine Mannschaft den Ball zum Einwurf, nahe der Stelle, wo er gefoult wurde. Freiwürfe bekommt er nur dann, wenn die gegnerische Mannschaft bereits sieben Spielerfouls hat.

Kommentar

Die korrekte Verteidigungshaltung sieht vor, daß ein Spieler seinem Gegner mit dem Gesicht gegenübersteht. Dabei nehmen seine Füße eine normale Grätschstellung ein, die Arme kann er senkrecht hochhalten. Diese Position muß er beibehalten, d. h. der Verteidiger darf den Dribbler nicht mittels ausgestreckter Arme, Schultern, Hüften oder Beine am Vorbeigehen hindern.

- Block-/Charge-Situation: Hierbei kann ausnahmsweise dem ballführenden Spieler das Foul angelastet werden, sofern der Verteidiger seine legale Position nicht verlassen hat. Der Schiedsrichter muß darauf achten, daß der Verteidiger mit beiden Füßen auf dem Boden steht und sich nur seitlich oder rückwärts bewegt, um seine Verteidigung fortzuführen. Kommt es zwischen beiden Spielern zum Kontakt, ist der Angreifer dafür verantwortlich zu machen, sofern der Verteidiger seine Position zuerst eingenommen hat; der Kontakt muß demnach an der Vorderseite seines Körpers stattgefunden haben.
- Bei der Verteidigung eines Spielers, der den Ball nicht kontrolliert, ist

Offensivfoul

darauf zu achten, daß das Verhältnis von Zeit und Raum berücksichtigt wird. Demnach darf sich der Verteidiger einem Spieler, der in Bewegung ist, nur so weit nähern, daß dieser noch die Möglichkeit hat anzuhalten oder die Richtung zu ändern. Es ist ebenfalls nicht erlaubt, sich plötzlich und unvermittelt in den Lauf des Gegners zu stellen.

- Der Versuch, einen Gegenspieler daran zu hindern, eine ihm beliebige Position einzunehmen, kann zulässig sein. Es handelt sich um legales Sperren, wenn der Spieler, der einen Gegenspieler sperrt, mit beiden Füßen auf dem Boden steht. Bewegt er sich und es kommt zum Kontakt, ist er für das Foul durch Blockieren verantwortlich.

Unsportliches Foul

- **Doppelfoul** Ein Schiedsrichter kann ein Doppelfoul pfeifen, wenn sich zwei Gegenspieler nahezu gleichzeitig foulen. Jedem Spieler wird ein persönliches Foul angeschrieben, bevor das Spiel durch Sprungball zwischen den beteiligten Spielern fortgesetzt wird.

- **Unsportliches Foul** Als unsportliches Foul bezeichnet man ein persönliches Foul, das mit voller Absicht begangen wurde, d. h. wenn ein Spieler bei dem Versuch, den Ball zu spielen, einen heftigen Kontakt verursacht. Gegen den Täter wird ein unsportliches Foul verhängt. Der Mannschaft seines Gegenspielers werden Freiwürfe und anschließender Ballbesitz zuerkannt.
- Die Anzahl der Freiwürfe ergibt sich wie folgt: Zwei Freiwürfe, wenn sich der Spieler nicht in einer Korbwurfaktion befand; zwei bzw. drei Freiwürfe (je nach Schußposition), wenn der Korb verfehlt wurde; ein Freiwurf, wenn der Wurf erfolgreich war (der Korb zählt ebenfalls).
- Während der Spieler die Freiwürfe ausführt, müssen alle Spieler hinter die verlängerte Freiwurflinie und hinter die Drei-Punkte-Linie treten. Unabhängig davon, ob ein Freiwurf erfolgreich war oder nicht, wird der Ball im Anschluß von

einem Spieler der Mannschaft des Freiwerfers vom Mittelpunkt der Seitenlinie (vis-à-vis dem Anschreibertisch) eingeworfen.

- **Disqualifizierendes Foul** Fällt ein Spieler durch wiederholte Unsportlichkeit auf oder verletzt er ganz offensichtlich die Spielregeln, kann der Schiedsrichter auch ein disqualifizierendes Foul verhängen. Zur Strafe hat der Täter das Sportgelände umgehend zu verlassen bzw. darf sich nur noch in der Umkleidekabine aufhalten. Ferner werden der gegnerischen Mannschaft Freiwürfe und Ballbesitz zugesprochen, d. h., es wird wie bei einem unsportlichen Foul verfahren.

REGEL 9 Technische Fouls

- **Verhaltensregeln** Der ordnungsgemäße Ablauf des Spiels setzt ein Miteinander aller Beteiligten voraus, d. h. nicht nur die Spieler und Ersatzspieler, sondern auch die Trainer, die Mannschaftsbegleiter und das Kampfgericht bemühen sich darum.

Ein Spieler muß die Entscheidungen der Schiedsrichter stets respektieren

- Jede Mannschaft ist berechtigt, mit größtmöglichem Einsatz den Sieg zu erringen. Faires und sportliches Verhalten muß dabei immer eine Grundvoraussetzung sein. Ein absichtlicher oder wiederholter Verstoß gegen diese Verhaltensregeln ist als technisches Foul zu bewerten.

- **Technisches Foul durch einen Spieler** Ein technisches Foul durch einen Spieler setzt voraus, daß kein Kontakt mit einem Gegenspieler stattgefunden hat. Ein Spieler muß die Entscheidungen und Ermahnungen der Schiedsrichter stets respektieren und sich höflich dem gesamten Kampfgericht gegenüber verhalten. Auch Äußerungen, die den Gegenspieler oder die Zuschauer provozieren, sind zu unterlassen. Jegliche Handlung, die darauf abzielt, das Spiel zu verzögern, muß unterbleiben.
- Weiterhin ist es nicht erlaubt,
  - einem Gegenspieler die Sicht durch Winken vor seinen Augen zu behindern;
  - sich gegen die Aufforderung des Schiedsrichters zu widersetzen, nach einem Foul ordnungsgemäß die Hand zu heben;
  - die Spielnummer zu wechseln, ohne es dem Anschreiber und dem ersten Schiedsrichter zu melden;
  - als Ersatzspieler das Feld zu betreten, ohne vorherige Anmeldung beim Anschreiber bzw. ohne Aufforderung vom Schiedsrichter;
  - das Spielfeld zu verlassen, um sich dadurch einen unfairen Vorteil zu verschaffen;
  - sich an den Ring zu hängen, außer der Spieler versucht dadurch, sich oder einen anderen Spieler vor einer Verletzung zu bewahren.
- Kommt es versehentlich zu einer technischen Regelverletzung, die ohne Folgen für das Spiel bleibt, ist dies nicht als technisches Foul zu bewerten.
- Hat ein Spieler absichtlich oder nach einer Verwarnung zum wiederholten Male die technischen Regeln mißachtet, wird gegen ihn ein technisches Foul verhängt. Der Gegner erhält zwei Freiwürfe, die ein Spieler ausführen darf, der vom Kapitän dafür benannt wurde.

Kommentar

Die Schiedsrichter sollten im Sinne eines reibungslosen Spielablaufs bei den technischen Regelverletzungen großzügig verfahren, d. h. Kleinigkeiten, wie das Versäumnis, sich beim Anschreiber anzumelden, nicht bestrafen – vorausgesetzt, der Spieler handelt nicht offensichtlich mit Vorsatz. Bei grobem oder andauerndem Verstoß gegen die technischen Vorschriften kann er disqualifiziert werden.

- **Technisches Foul durch Trainer, Ersatzspieler oder Mannschaftsbegleiter** Auch die Trainer, Ersatzspieler oder Mannschaftsbegleiter haben technische Vorschriften zu beachten. So müssen sie sich beispielsweise während des Spiels innerhalb des Mannschaftsbankbereiches aufhalten.
- Ein Trainer, Trainerassistent oder Mannschaftsbegleiter darf das Feld betreten, wenn er einem verletzten Spieler Hilfe gewähren will, sofern er vom Schiedsrichter dazu aufgefordert wurde, sowie während einer Auszeit. Ein Arzt hingegen kann im Bedarfsfall das Spielfeld jederzeit betreten.
- Es ist dem Trainer oder dem Trainerassistenten gestattet, den Mannschaftsbankbereich zu verlassen, um eine angerechnete Auszeit zu beantragen. Ferner darf ein Ersatzspieler das Terrain verlassen, wenn er einen Spielerwechsel beantragt.
- Ein Trainer oder Trainerassistent kann während des Spiels vom Mannschaftsbankbereich aus mit seinen Spielern reden; ihm allein ist es erlaubt zu stehen.
- Ist die Uhr gestoppt, kann sich ein Trainer oder sein Assistent beim Kampfgericht höflich über die Anzahl der Fouls, den Spielstand etc. informieren. Dem Kampfgericht ist stets in höflicher Form gegenüberzutreten.
- Mißachtet der Trainer die Vorschriften, kann gegen ihn ein technisches Foul verhängt werden. Der Gegner bekommt zwei Freiwürfe ohne Aufstellung (Werfer wird vom Kapitän bestimmt) mit anschließendem Ballbesitz. Beim Einwurf vom Mittelpunkt der Seitenlinie muß der Spieler mit je einem Fuß auf jeder Seite der verlängerten Mittellinie stehen.
- Auch der Trainer kann in schwerwiegenden Fällen disqualifiziert werden. Er wird dann durch den Trainerassistenten oder den Kapitän ersetzt. Wurde ein Trainer durch persönliches unsportliches Verhalten mit zwei technischen Fouls bestraft, hat er das Spielgelände zu verlassen; dies gilt auch, wenn gegen die Mannschaftsbank (Trainerassistent, Ersatzspieler, Mannschaftsbegleiter) drei technische Fouls verhängt wurden.

Gewalttätigkeit?

- Ein technisches Foul eines Spielers geht ebenfalls zu Lasten des Trainers, wenn der Spieler zuvor sein fünftes Foul begangen hat.

- **Technisches Foul während einer Spielpause** Ein Schiedsrichter kann ein technisches Foul auch während einer Spielpause verhängen. Die Strafe lautet auf zwei Freiwürfe ohne Aufstellung; das Spiel wird durch Sprungball im Mittelkreis fortgesetzt.

Kommentar

Spieler, die durch ihre Aktionen die Spielausrüstung beschädigen, wie gewaltsames Dunking oder Festhalten am Ring, erhalten durch den Schiedsrichter zunächst eine Verwarnung. Ändern sie ihr Verhalten nicht, ist ein technisches Foul zu verhängen.

- **Gewalttätigkeiten** Kommt es auf dem Spielfeld zu Gewalttätigkeiten, dürfen die Ersatzspieler, Trainer und Begleiter den Mannschaftsbankbereich nicht verlassen. Bei Mißachtung werden sie vom Spiel disqualifiziert. Nur dem Trainer ist es gestattet, auf das Spielfeld zu treten, um die Schiedsrichter bei der Wiederherstellung der Ordnung zu unterstützen.
- Disqualifizierende Fouls aufgrund Verlassens des Mannschaftsbankbereiches haben keine Freiwürfe für eine Mannschaft zur Folge und zählen nicht als Mannschaftsfouls.

REGEL 10 Allgemeine Vorschriften

- **Grundsatz** Es gilt der Grundsatz, daß ein Schiedsrichter während eines Spiels zu jeder Zeit eine unbegrenzte Anzahl Fouls verhängen kann.

- **Fünf/sechs Fouls, begangen von einem Spieler** Hat ein Spieler fünf persönliche oder technische Fouls begangen, muß er das Spielfeld verlassen. Bei einer Spielzeit von 4 x 12 Minuten scheidet der Spieler mit sechs Fouls aus.

- **Mannschaftsfouls – Strafen** Wurden einer Mannschaft sieben persönliche oder technische Spielerfouls in einer Halbzeit (20 Minuten) angeschrieben, erhält die gegnerische Mannschaft für jedes weitere Foul zwei Freiwürfe. Bei einer Spieldauer von 4 x 12 Minuten gibt es Freiwürfe nach vier Mannschaftsfouls in einer Spielperiode.

- Bekommt ein Spieler ein Foul, während seine Mannschaft in Ballbesitz ist, erhält der Gegner den Ball zum Einwurf.
- Fouls, die sich während einer Verlängerung ereignen, werden so gewertet, als wären sie in der letzten Halbzeit (Spielperiode) begangen worden.

- **Fouls in Sonderfällen** Dazu zählen Fouls, die etwa zur gleichen Zeit begangen werden, und Fouls, die sich während derselben Uhr-Stopp-Periode (die auf ein Foul folgt) ereignen. In solchen Fällen wird wie folgt verfahren: Ziehen die Fouls die gleichen Strafen für beide Mannschaften nach sich, heben sie sich gegenseitig auf, d. h., das Spiel wird mit Sprungball im nächsten Kreis fortgesetzt (Freiwürfe und Einwurf entfallen). Foulstrafen, die sich nicht gegeneinander aufheben, müssen in der Reihenfolge ausgeführt werden, in der sich die Fouls ereignet haben. Bei Unklarheit legt der Schiedsrichter die Reihenfolge fest. Dies trifft nicht bei der Doppelfoulsituation zu (siehe Seite 39).
- Eine Mannschaft verliert das Recht auf Einwurf, wenn der Schiedsrichter wegen eines anderen Fouls pfeift, bevor der Ball zur Ausführung des Einwurfes ins Spiel geht. Die Möglichkeit zur Kompensation mit einer anderen Foulstrafe besteht auch zu diesem Zeitpunkt.

- **Freiwürfe** Ein Freiwurf gibt einem Spieler die Möglichkeit, durch einen ungehinderten Wurf einen Punkt zu erzielen. Er hat dabei die Position innerhalb des Halbkreises hinter der Freiwurflinie einzunehmen.
- Pfeift der Schiedsrichter ein persönliches Foul, welches Freiwürfe zur Folge hat, bezeichnet er den Spieler, der gefoult wurde und die Freiwürfe erhält. Der Spieler muß die Freiwürfe ausführen, ehe er ausgewechselt werden kann. Im Falle einer Verletzung hat der Ersatzspieler dies zu übernehmen. Bei einem technischen Foul, kann ein beliebiger Spieler schießen.
- Es bleibt dem Freiwerfer überlassen, welche Wurfart er anwendet. Er hat aber darauf zu achten, daß
  - der Ball von oben in den Korb geht oder den Ring berührt, bevor der Ball mit einem Spieler Kontakt bekommt;
  - er innerhalb von fünf Sekunden auf den Korb wirft (ab dem Zeitpunkt der Ballübergabe durch den Schiedsrichter);
  - er weder die Freiwurflinie noch das Spielfeld jenseits der Freiwurflinie betritt, bevor der Ball den Ring berührt;
  - er den Ball auf seinem Weg zum Korb nicht berührt;
  - er Korb und Spielbrett nicht berührt, während der Ball am Ring ist.

  Darüber hinaus ist es nicht erlaubt, einen Freiwurf anzutäuschen.

Gunther Behnke beim Freiwurf

- Werden diese Vorschriften nicht befolgt, sind keine Punkte durch das Freiwurfschießen zu erzielen. Der Gegner erhält den Ball zum Einwurf an der Seitenlinie in Höhe der Freiwurflinie.
- Bei der Ausführung eines Freiwurfes dürfen sich höchstens fünf Spieler am Freiwurfraum aufstellen. Die ersten Plätze an jeder Seite der begrenzten Zone können nur von Gegenspielern des Freiwerfers eingenommen werden. Die nächsten Positionen sind von Mitspielern des Freiwerfers zu besetzen; demnach stellen sich die Spieler abwechselnd auf. Sie müssen ihre Plätze am Freiwurfraum so lange einnehmen, bis der Ball die Hand des Freiwerfers verlassen hat. Die Gegenspieler haben jegliches störendes Verhalten dem Freiwerfer gegenüber zu unterlassen.
- Bei einem erfolgreichen Freiwurf und Mißachtung der beschriebenen Vorschriften durch einen Mitspieler oder Gegner bleibt der Verstoß ungeachtet, und der Korb zählt.
- War der Freiwurf nicht erfolgreich und verstößt ein Mitspieler des Freiwerfers gegen die Regeln, wird der Ball dem Gegner zum Einwurf zugesprochen; handelt es sich um einen Gegenspieler, wird dem Freiwerfer ein Ersatzfreiwurf zugestanden. Verhalten sich beide Mannschaften regelwidrig, wird das Spiel mit einem Sprungball an der Freiwurflinie fortgesetzt.

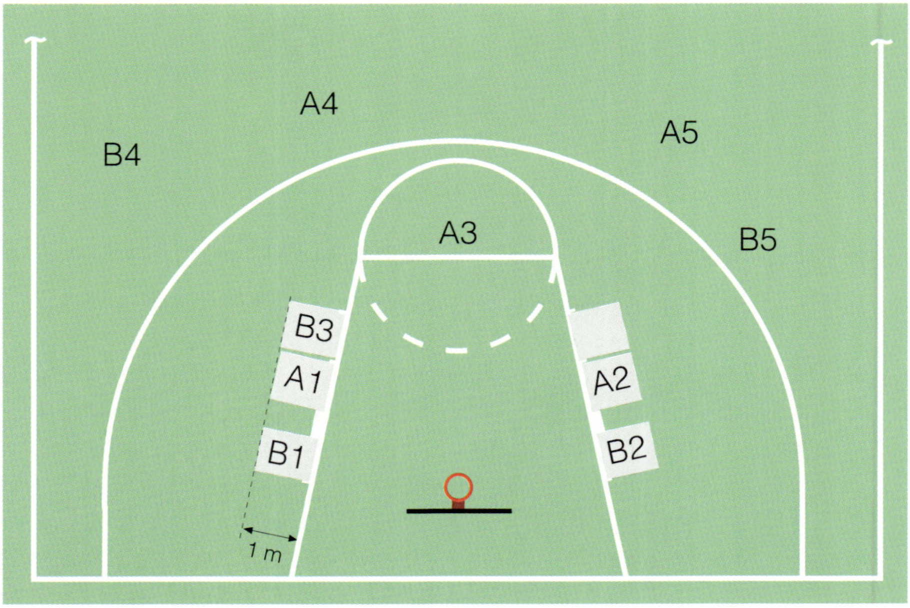

Positionen während der Ausführung von Freiwürfen

- Während des Freiwurfes sind weitere Regeln zu beachten:
  1. Erst wenn der Ball Kontakt mit dem Ring hatte oder es offensichtlich ist, daß er ihn verfehlt, dürfen die Spieler am Freiwurfraum den Ball berühren.
  2. Spielbrett und Korb dürfen nicht berührt werden, während der Ball Kontakt mit dem Ring hat.
  3. Gegenspieler des Freiwerfers dürfen den Ball oder den Korb nicht berühren, während sich der Ball im Korb befindet.
- Werden die Regeln 1 bis 3 von einem Mitspieler des Freiwerfers übertreten, zählt der Freiwurf nicht, und der Gegner erhält den Ball zum Einwurf.
- Handelt es sich um den Gegenspieler des Freiwerfers, zählt ein erfolgreicher Wurf einen Punkt. Sind beide Mannschaften an dem Regelverstoß beteiligt, gibt es keinen Punkt, und das Spiel wird durch Sprungball an der Freiwurflinie fortgesetzt.
- Berührt ein Gegenspieler des Freiwerfers beim letzten oder einzigen Freiwurf den Ball, bevor dieser den Ring berührt, wird gegen den Spieler ein technisches Foul verhängt, und der Korbwurf zählt.
- Spieler, die sich nicht am Freiwurfraum befinden, haben sich hinter der verlängerten Freiwurflinie und hinter der Drei-Punkte-Linie aufzuhalten, bis der Ball den Ring berührt hat oder der Freiwurf beendet ist. Sie dürfen nicht versuchen, den Freiwerfer durch ihr Verhalten zu stören. Bei Mißachtung erfolgt die Bestrafung abhängig davon, ob der Freiwurf erfolgreich war oder nicht (siehe oben).

- **Korrigierbare Fehler** Falsche Schiedsrichterentscheidungen sind nur in diesen Fällen korrigierbar:
  1. Einer Mannschaft werden irrtümlich Freiwürfe zugestanden.
  2. Der falsche Spieler führt Freiwürfe aus.
  3. Freiwürfe werden am falschen Korb durchgeführt.
  4. Zustehende Freiwürfe werden nicht gewährt.
  5. Punkte werden versehentlich gegeben oder ein Treffer nicht gewertet.
- Der Fehler muß bemerkt worden sein, bevor der Ball nach dem ersten toten Ball wieder gespielt wird. Ein Schiedsrichter kann das Spiel zwecks Fehlerkorrektur sofort unterbrechen, vorausgesetzt, keine Mannschaft wird dadurch benachteiligt. Versehentlich ausgeführte Freiwürfe werden gestrichen. Das Spiel wird danach fortgesetzt, indem die Mannschaft den Ball zum Einwurf erhält, die zuvor (als der Fehler entdeckt wurde) Ballbesitz hatte. Nachdem der erste Schiedsrichter den Anschreibebogen überprüft und unterschrieben hat, können Fehler nicht mehr revidiert werden.

Offizielle Spielvorschriften

Zeichen der Schiedsrichter

Korberfolg

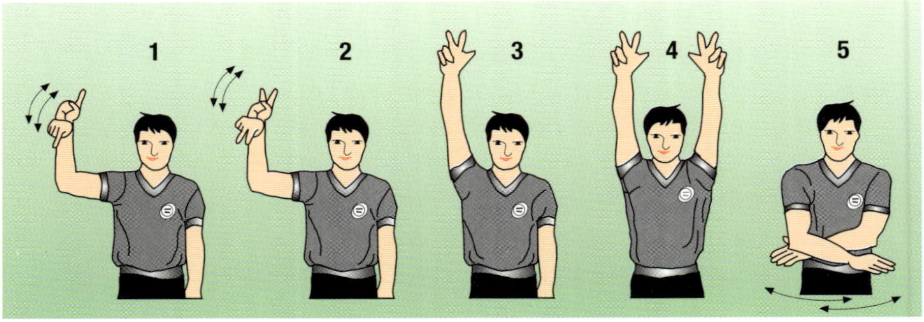

1 ***Ein Punkt*** *(Abwärtsschlagen im Handgelenk)*; 2 ***Zwei Punkte*** *(Abwärtsschlagen im Handgelenk)*; 3 ***Drei Punkte Versuch*** *(Drei ausgestreckte Finger)*; 4 ***Drei Punkte erfolgreicher Wurf*** *(Drei ausgestreckte Finger)*; 5 ***Ungültiger Korberfolg oder ungültiges Spiel*** *(Scherenbewegung der Arme vor dem Körper)*

Uhren

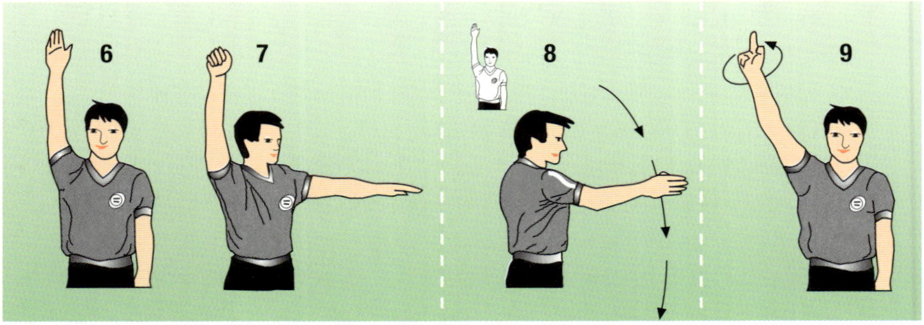

6 ***Uhr anhalten – zusammen mit Pfiff – oder Uhr nicht in Gang setzen*** *(Offene Handfläche)*; 7 ***Uhr anhalten wegen Foulspiels – zusammen mit Pfiff*** *(Geschlossene Faust, Hand zeigt nach unten zur Hüfte)*; 8 ***Zeit an*** *(Hackbewegung mit der Hand)*; 9 ***Neue 30 Sekunden*** *(Kreisbewegung mit gestrecktem Finger)*

Administration

10 ***Spielerwechsel*** *(Kreuzen der Unterarme);* **11** ***Aufforderung zum Spielerwechsel*** *(Offene Handfläche winkt in Richtung Körper);* **12** ***Angerechnete Auszeit*** *(T formen, Finger sichtbar)*

Regelübertretungen

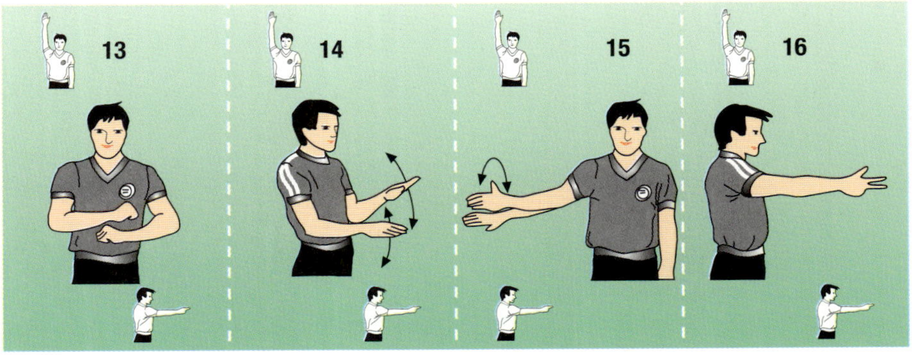

13 ***Schrittfehler*** *(Fäuste umeinander rollen);* **14** ***Regelwidriges Dribbeln oder Doppel-Dribbling*** *(Unterarme auf- und abbewegen);* **15** ***Regelwidriges Führen des Balles*** *(Halbe Drehung in Vorwärtsrichtung);* **16** ***Drei-Sekunden-Regelübertretung*** *(Ausgestreckter Arm, drei Finger zeigen)*

17 ***Fünf-Sekunden-Regelübertretung*** *(Fünf Finger zeigen);* 18 ***Zehn-Sekunden-Regelübertretung*** *(Zehn Finger zeigen);* 19 ***Dreißig-Sekunden-Regelübertretung*** *(Die Finger berühren die Schulter);* 20 ***Spielen des Balles ins Rückfeld*** *(Finger ausgestreckt)*

21 ***Absichtliches Fußspiel*** *(Finger zeigt zum Fuß);* 22 ***Ausball und/oder Spielrichtung*** *(Finger zeigt parallel zu den Seitenlinien);* 23 ***Sprungball*** *(Daumen nach oben)*

Anzeigen eines Fouls zum Anschreibertisch

24 - 35 ***Spielernummern von 4 bis 15***

Art des Fouls

36 ***Regelwidriger Gebrauch der Hände*** *(Schlagen ans Handgelenk);* 37 ***Blockieren – offensiv oder defensiv*** *(Beide Hände an der Hüfte);* 38 ***Übertriebenes Schwingen des Ellbogens*** *(Ellbogen nach rückwärts schwingen);* 39 ***Halten*** *(Handgelenk umfassen)*

40 ***Pushing oder Charging ohne Ball*** *(Stoßen imitieren);* 41 ***Charging mit Ball*** *(Faust schlägt gegen offene Handfläche);* 42 ***Foul durch Mannschaft in Ballkontrolle*** *(Faust zeigt in Richtung des Korbes der foulspielenden Mannschaft);* 43 ***Doppelfoul*** *(Fäuste übereinander bewegen)*

44 ***Technisches Foul*** *(T formen, Handfläche sichtbar);* **45** ***Unsportliches Foul*** *(Handgelenk umfassen);* **46** ***Disqualifizierendes Foul*** *(Fäuste geschlossen)*

Anzahl der verhängten Freiwürfe

47 ***Ein Freiwurf*** *(Einen Finger hochhalten);* **48** ***Zwei Freiwürfe*** *(Zwei Finger hochhalten);* **49** ***Drei Freiwürfe*** *(Drei Finger hochhalten)*

Spielrichtung

50 *(Finger zeigt parallel zu den Seitenlinien);* **51** ***Nach Foul durch Mannschaft in Ballkontrolle*** *(Geschlossene Faust zeigt parallel zu den Seitenlinien)*

Ausführung von Freiwürfen
In der begrenzten Zone

52 ***Ein Freiwurf*** *(Ein Finger waagerecht);* **53** ***Zwei Freiwürfe*** *(Zwei Finger waagerecht);* **54** ***Drei Freiwürfe*** *(Drei Finger waagerecht)*

Außerhalb der begrenzten Zone

55 ***Ein Freiwurf*** *(Zeigefinger);* **56** ***Zwei Freiwürfe*** *(Finger zusammen);* **57** ***Drei Freiwürfe*** *(Drei ausgestreckte Finger)*

Wissenswertes von A bis Z

Abdul-Jabbar, Kareem

*16.4.1947 in New York/USA. Der 2,18 m große Center ist wohl der erfolgreichste Basketballer aller Zeiten. Er beendete seine Karriere erst 1988, mit stolzen 41 Jahren. Der Star der 80er, dessen Markenzeichen der Sky hook, ein Hakenwurf, bei dem er den Wurfarm senkrecht nach oben führte, war, hat zahlreiche Rekorde aufzuweisen: die längste NBA-Karriere, die meisten Spiele (1560), die meisten erzielten Punkte (38367) und die höchste Reboundquote in einer Saison (16,9). Sechsmal wurde er zum wertvollsten Spieler der NBA gewählt. Größte Erfolge: NBA-Meister mit den Milwaukee Bucks sowie 1980, 1982, 1985, 1987 und 1988 mit den Los Angeles Lakers.

Kareem Abdul-Jabbar

Abrollen

Das Lösen von einem Gegenspieler, der zuvor geblockt wurde. Der Angreifer dreht sich mit einem Sternschritt rückwärts, so daß er den Verteidiger in seinem Rücken hält.

Abwehrsystem

Innerhalb der Mannschaft abgestimmte Funktionen und Aufstellungen von Spielern zur Abwehr des Gegners. Man unterscheidet zwischen → Zonenverteidigung und → Manndeckung.

Airball

Schußversuch, bei dem der Ball weder den Ring noch das Spielbrett berührt.

American Dream Team

Von amerikanischen Journalisten geprägter Begriff für die US-Olympiaauswahl von 1992. Erstmals waren bei den Olympischen Spielen in Barcelona NBA-Profis zugelassen. Die Mannschaft, die ausschließlich aus Topstars bestand, begeisterte Millionen Fans auf der ganzen Welt. Es spielten u.a. → L. Bird, → E. Johnson, → M. Jordan, → C. Barkley. Als → Coach fungierte Chuck Daly.

Angriff
Handlung eines oder mehrerer Spieler mit offensivem Charakter. Eine Mannschaft befindet sich im A., wenn sie im Ballbesitz ist und sich auf den gegnerischen Korb zubewegt.

Angriffsystem
Innerhalb der Mannschaft abgestimmte Funktionen von Spielern und Aufstellungen, mit dem Ziel, den → Angriff möglichst effektiv zu gestalten.

Anschreibebogen
Vorgedrucktes Formular, auf dem der Verlauf eines offiziellen Spiels stets protokolliert werden muß. Dort werden festgehalten: Zeit, Ort, Spielklasse, Spielpaarung, Spieler, Spielstand, → Fouls, → Auszeiten, Ergebnis etc.

Aufbauspieler

Anschreiber
Mitglied des → Schiedsgerichts. Der A. führt den → Anschreibebogen entsprechend den Regeln und trägt dort ein, was zur Durchführung des Spiels notwendig ist. Er sitzt am Anschreibetisch zwischen den Mannschaftsbänken.

Anzeigetafel
Auf der A. muß stets der aktuelle Spielstand erscheinen, und zwar so, daß er für die Spieler und die Zuschauer gut sichtbar ist.

Assist
[engl.] Zuspiel, das zum direkten Korberfolg führt.

Aufbauspieler
Spieler, die am weitesten vom Korb entfernt spielen und die Angriffsspielzüge einleiten. → Guard.

Ausball
Der Ball ist außerhalb des Spielfeldes oder berührt die Seiten- oder Grundlinie. Er ist ebenfalls aus, wenn ein Spieler ihn berührt, der sich außerhalb des Spielfeldes oder auf den Begrenzungslinien befindet.

Ausblocken
In der → Verteidigung sich mit dem Rücken ganz nah an den Angreifer

Ausblocken

drängen, um beim → Rebound den Ball vor dem Gegner fangen zu können.

Auszeit
Spielunterbrechung von 60 Sekunden Dauer, die der Trainer zweimal pro Halbzeit (bei einer Spielzeit von 2 x 20 Minuten) oder dreimal (bei einer Spielzeit von 4 x 12 Minuten) beantragen kann. Während jeder Verlängerung wird eine weitere Auszeit gewährt.

Backdoorpass
[engl.] Zuspiel, das nicht vor, sondern hinter dem Verteidiger erfolgt. Ein B. bietet sich an, wenn der Gegner den direkten Paßweg zumacht.

Baeck, Stefan
*12.5.1965 in Köln. Der Flügel- und Aufbauspieler ist eine feste Größe in der deutschen Nationalmannschaft. Gilt als verspielter Basketballer, der selbst in kritischen Situationen nicht verkrampft, sondern den Fans Kabinettstückchen liefert. B. spielt seit 1992 zusammen mit → Rödl und → Gnad bei ALBA Berlin. Größte Erfolge: EM 1993; EM-Fünfter 1985; DBB-Pokalsieger 1991; 7. der OS 1992; DM 1987 und 1988 und mit dem BSC Saturn Köln, 1985, 1991 und 1992 mit dem TSV Bayer 04 Leverkusen.

Barkley, Charles
*20.2.1963 in Leeds/Alabama. B. gehört trotz einer Körpergröße von nur 1,98 m zu den besten Korbschützen

Charles Barkley

und Reboundern der NBA. Er gilt als der härteste und kompromißloseste Spieler der Liga mit außergewöhnlichem Durchsetzungsvermögen. Sein Image als »Bad Boy« pflegt er sowohl auf dem Spielfeld als auch außerhalb der Arenen. B. begann seine NBA-Karriere 1984 bei den Philadelphia 76ers. Dort spielte er, bis er 1992 zu den Phoenix Suns wechselte. Größte Erfolge: Olympiasieger 1992; 1986–1994 als All-Star-Spieler nominiert; 1993 als wertvollster Spieler der NBA und 1991 als wertvollster Spieler des All-Star-Spiels ausgezeichnet.

Bauermann, Dirk
*10.12.1957 in Oberhausen. Seit einigen Jahren ist B. der erfolgreichste deutsche Coach. Mit der Aussicht auf Teilnahme an der Lehrerschwemme brach er sein Studium ab und entschied sich für den Basketball. B. siedelte für längere Zeit in die USA über, wo er das Trainerhandwerk gründlich erlernte. 1989 kehrte er als Assistenz-

trainer von Jim Kelly bei Bayer 04 Leverkusen nach Deutschland zurück. 1990 übernahm er dessen Posten und hatte sofort Erfolg mit Meisterschaft und Cupsieg, der seither anhält. 1994 gab B. ein Gastspiel als deutscher Bundestrainer bei der WM in Kanada. Größte Erfolge: DM 1990–1995 und Pokalsieger 1990–1993 und 1995 mit Bayer 04 Leverkusen. 1990 und 1991 wurde er zum Trainer des Jahres gewählt.

Begrenzte Zone

Besonderer Teil des Spielfeldes, auch Freiwurfraum oder → Zone genannt. Die b. Z. wird seitlich von Linien markiert, die von der → Freiwurflinie schräg zur Grundlinie verlaufen. Entlang dieser Linien stellen sich die Spieler bei der Ausführung eines → Freiwurfes auf. Innerhalb der b. Z. gilt die → Drei-Sekunden-Regel.

Behnke, Gunther

*19.1.1963 in Leverkusen. Mit 2,21 m ist B. derzeit der längste Bundesliga-Spieler. Doch trotz seiner Körpergröße und seiner 115 Kilogramm agiert der Center unter dem Korb alles andere als schwerfällig. Nach den OS in Barcelona kehrte er 1992 seinem Heimatverein Bayer 04 Leverkusen den Rücken und spielte seitdem für BG Bramsche/Osnabrück und ALBA Berlin. Größte Erfolge: EM 1993; EM-Fünfter 1985; EM-Sechster 1987; 7. bei den OS 1992,

Dirk Bauermann

DM 1985, 1986, 1990, 1991 und 1992 sowie Pokalsieger 1986, 1987, 1990 und 1991 mit dem TSV Bayer 04 Leverkusen.

Beinarbeit

Schritt- und Fortbewegungstechnik in der Verteidigung, die das Ziel hat, dem Gegenspieler in seiner Bewegung zu folgen.

Bird, Larry

*7.12.1956 in West Baden/Indiana. Der Aufbau- und Flügelspieler spielte 13 Jahre (1979–1992) bei den Boston Celtics. B., ein genialer Alleskönner,

Larry Bird

Scharfschütze, Paßgenie und Kämpfer, beendete seine Karriere 1992 nach mehreren Rückenoperationen. Die Trikot-Nummer 33 ist für viele Amerikaner noch heute gleichbedeutend mit der »lebenden Legende« oder dem »König vom Boston Garden«, wie man ihn gerne bezeichnete. Größte Erfolge: NBA-Meister 1981, 1984, 1986; Olympiasieger 1992; 1984–1986 wertvollster Spieler der NBA, 1984 und 1986 wertvollster Spieler der Finals, 1992 wertvollster Spieler des All-Star-Spiels.

Block

Mit einem B. stellt man mit seinem Körper eine Sperre, um einen Abwehrspieler am Erreichen einer anderen Position zu hindern.

Blocken

1. Einen → Block stellen. 2. Eine gegnerische Korbwurfaktion abwehren. Hat der Ball die Hand des Werfers verlassen, darf der Verteidiger dem Ball durch Berühren eine Richtungsänderung geben.

Blockieren

Regelwidrige Verteidigungshaltung, die den Gegenspieler in seiner Bewegung einschränkt.

Bodenpaß

Zuspiel, bei dem der Ball nach etwa zwei Dritteln des Paßweges auf den Boden tippt, bevor er den Empfänger erreicht.

Gunther Behnke ist 2,21 m lang

Brustpaß

Brustpaß
Zuspiel, bei dem der Ball in Brusthöhe zum Mitspieler gepaßt wird.

Center
Spieler, der in direkter Nähe zum Korb (Grundliniencenter) oder zum Freiwurfraum (→ Postposition) spielt. Meist handelt es sich um den größten Spieler einer Mannschaft.

Charging
[engl.] → Offensivfoul.

Coach
[engl.] Betreuer und Trainer einer Basketballmannschaft.

Cut
[engl.] Schnelle Bewegung in der gegnerischen Zone, um sich beispielsweise vom Gegenspieler freizulaufen. Der Laufweg führt den Spieler wieder zu seiner angestammten Position zurück, wo er den Ball zugespielt bekommt.

Defense
[engl.] → Verteidigung.

Disqualifizierendes Foul
Ein d. F. wird bei unsportlichem Verhalten, wie zum Beispiel Tätlichkeit, verhängt. Es kann gegen Spieler und Trainer ausgesprochen werden und wird mit zwei → Freiwürfen und anschließendem Ballbesitz für den Gegner bestraft. Ein Spieler oder Trainer, der ein d. F. begangen hat, darf dem Spiel weiterhin nicht mehr beiwohnen.

Distanzschuß
Korbwurf außerhalb der begrenzten Zone.

Doppeldribbling
Fußfehler. Nach Beendigung eines → Dribblings (der Ball wurde mit beiden Händen aufgenommen) darf der Ball nicht erneut gedribbelt werden.

Doppelfoul
Zwei Spieler beider Mannschaften begehen zeitgleich ein → Foul aneinander. Jeder Spieler erhält ein → persönliches Foul; das Spiel wird mit → Sprungball fortgesetzt.

Drei-Punkte-Wurf

Dunking

Drei-Sekunden-Regel
Zeitvorschrift. Ein Spieler darf sich nicht länger als drei Sekunden in der → begrenzten Zone des Gegners aufhalten, während seine Mannschaft Ballkontrolle hat.

Drei-Punkte-Linie
Nahezu halbkreisförmige Linie, die von dem Punkt des Spielfeldes, über dem sich die Mitte des Ringes befindet, 6,25 m entfernt liegt. (In der → NBA beträgt der Abstand 6,50 m.)

Drei-Punkte-Wurf
Wurf jenseits der → Drei-Punkte-Linie; ein Treffer zählt drei Punkte.

Dreißig-Sekunden-Regel
Zeitvorschrift. Eine Mannschaft in Ballkontrolle muß innerhalb von 30 Sekunden auf den gegnerischen Korb werfen.

Dribbling
[engl.] Prellen des Balles zur regelgerechten Fortbewegung mit dem Ball.

Dunking
[engl.] Kraftvolles Hineindrücken des Balles von oben in den Korb aus dem Sprung. Spektakulärste Art, einen Korb zu erzielen.

Patrick Ewing, auch »Das Tier« genannt

Einwurf
Mit einem E. wird der Ball nach einer Unterbrechung oder einem Korberfolg von der Seitenlinie oder der Grundlinie wieder ins Spiel gebracht.

Ewing, Patrick
*5.8.1962 in Kingston/Jamaika. Der aggressive und überaus konsequente Centerspieler der New York Knicks (Spitzname: »Das Tier«) gehört seit Beginn seiner Karriere zu den Besten auf seiner Position in der NBA; die Teilnahme an allen All-Star-Games seit 1986 beweist dies eindrucksvoll. Was E. aber immer noch fehlt, ist der ganz große Titel. Zwar war er schon zweimal Olympiasieger – doch was zählt das im Mutterland des Basketballs schon? 1994 wäre es fast soweit gewesen, aber die Knicks scheiterten in den NBA-Finals als haushohe Favoriten an den Houston Rockets. Größte Erfolge: Olympiasieger 1984 und 1992; 1986–1995 Teilnahme am All-Star-Game; Rookie of the year 1986; NCAA-Meister 1984.

Fastbreak
[engl.] → Schnellangriff.

Feldkorb
Treffer aus dem Feld; zählt zwei oder drei Punkte im Gegensatz zum → Freiwurf.

FIBA
Federation Internationale De Basketball (Internationaler Basketball-Verband). Präsident: George Killian, USA, Generalsekretär: Borislav Stankovic, Rest-Jugoslawien.

Foul

Flügelspieler
→ Forward.

Forward
Die beiden Flügelspieler, die den Raum zwischen Seitenlinie und Freiwurflinie abdecken sollen. Bei der Aufgabenverteilung unterscheidet man in Power Forward (näher am Korb postiert, um Rebounds erkämpfen zu können) und Small Forward.

Foul
Regelverstoß. Man unterscheidet zwischen → persönlichem Foul (direkter

Kontakt mit dem Gegner) und → technischem Foul (unsportliches Verhalten).

Freiwurf

Von der → Freiwurflinie ungestörter Wurf nach einem → Foul. Ein F. zählt einen Punkt und wird vom gefoulten Spieler selbst ausgeführt.

Freiwurflinie

3,60 m lange Linie, die parallel zur Grundlinie verläuft und 5,80 m von ihr entfernt ist.

Freiwurfraum

→ Begrenzte Zone.

Fünf-Sekunden-Regel

Zeitvorschrift. Innerhalb von fünf Sekunden muß ein nahe bewachter Spieler, der den Ball hält, passen, dribbeln oder werfen. Innerhalb von fünf Sekunden muß ein → Einwurf ausgeführt sein.

Give and go

[engl.] Angriffstaktik. Nach dem → Paß zu einem Mitspieler schneidet der Angreifer – nach einer Täuschung in die entgegengesetzte Richtung – zum Ball und erhält einen Rückpaß.

Gnad, Hansi

*4.6.1963 in Darmstadt. Der 2,08 m große Center zählt zu den erfahrensten Spielern der Nationalmannschaft. G., der erst im Alter von 17 Jahren zum Basketball kam, reifte in Alaska (1983–1987), an der University of Anchorage, zum Spitzenspieler. 1987 gab er beim BSC Saturn Köln sein Bundesligadebüt. Nach dreijähriger Spielzeit in Mailand (1990–1993) kehrte der Spieler mit dem eisernen Willen nach Deutschland zurück. Seitdem ging er für ALBA Berlin auf Korbjagd; danach wechselte er erneut nach Leverkusen. Größte Erfolge: EM 1993; EM-Sechster 1987; 7. bei den OS 1992; 1987 und 1988 DM mit BSC Saturn Köln; 1989 DM und Pokalsieger mit Steiner Bayreuth.

Grundlinie

Die beiden Begrenzungslinien an den Spielfeldschmalseiten.

Guard

[engl.] → Aufbauspieler. Man unterscheidet zwischen Shooting Guard, im Angriff für Weitwürfe und Korbleger zuständig, und Point-Guard, dem Spielmacher.

Halteball

Situation, bei der zwei Spieler den Ball festhalten, so daß er nicht gespielt werden kann. Wird vom → Schiedsrichter abgepfiffen.

Halten

Regelwidriges Festhalten des Gegenspielers. → Persönliches Foul.

Harnisch, Henning

*15.4.1968 in Marburg. Wohl derzeit der bekannteste deutsche Basketballer,

Henning Harnisch

Earvin »Magic« Johnson lächelt bezaubernd

der 1990 und 1991 zum Basketballer des Jahres ernannt wurde. Das Markenzeichen des 2,02 m großen Flügelspielers ist der Dunk, den er in Perfektion beherrscht, weshalb man ihn auch »Flying Henning« nennt. Ungeheure Sprungkraft, Schnelligkeit und Spielinstinkt sind Eigenschaften des Ausnahmetalents. Größte Erfolge: EM 1993; EM-Sechster 1978; 7. bei den OS 1992; 1990–1995 DM und 1990, 1991, 1993 und 1995 Pokalsieger mit TSV Bayer 04 Leverkusen.

Johnson, Earvin

*14.8.1959 in Lansing/Michigan. Die NBA der 80er Jahre ist eng mit den Namen J. und → Bird verknüpft, eine Scheinrivalität, die der Popularität des Basketballs ungemein Vorschub leistete. Auf der einen Seite »Magic« J., der 2,05 m große schwarze Zauberer und geniale Spielmacher der Los Angeles Lakers, auf der anderen der weiße Kämpfer der Boston Celtics. Beide haben das Spiel der 90er Jahre entscheidend geprägt. Magic J., der beste Paßgeber aller Zeiten (durchschnittlich 10,5 → Assists pro Spiel) und spielfreudigste Basketballer, beendete seine Karriere 1992 aufgrund seiner Aids-Infizierung. Er zählt nicht nur zu den populärsten NBA-Stars überhaupt, sondern ist über die Grenzen Amerikas hinaus, auch nach Bekanntwerden seiner Krankheit, ungemein beliebt. Bei den OS 1992 in Barcelona gaben J. und Bird, diesmal in einem Team vereint, international ihren Abschied. Größte Erfolge: 1980, 1982, 1985, 1987 und 1988 NBA-Meister mit den Los Angeles Lakers; Olympiasieger 1992; 1980 und 1982–1992 im Aufgebot des All-Star-Teams; Wahl zum wertvollsten All-Star 1990 und 1992.

Jordan, Michael

*17.2.1963 in Brooklyn/New York. Der Superstar zählt zu den populärsten

Michael Jordan, der Superstar der NBA

Athleten aller Zeiten. Der 1,98 m große Flügelspieler ist ein Jahrhunderttalent mit gewaltiger Sprungkraft, unvergleichlichem Spielwitz und nie dagewesener Treffsicherheit. Im Durchschnitt trägt er über 32 Punkte pro Spiel bei; in 34 Spielen erzielte er bisher mehr als 50 Punkte. Seine enorme Sprungkraft wird bei den spektakulären Dunks offensichtlich. Dann, so heißt es, setzt »Air« J. die physikalischen Gesetze außer Kraft. Für viele junge Amerikaner ist er das Idol schlechthin. Zog sich 1993 für zwei Jahre aus dem Profisport zurück. Größte Erfolge: 1991–1993 NBA-Meister mit den Chicago Bulls; Olympiasieger 1984 und 1992. 1987–1993 für die ersten Fünf im All-Star-Team nominiert; 1988 wertvollster All-Star.

Koch, Michael

*13.1.1966 in Lich. Der 1,92 m große Aufbauspieler ist ein exzellenter Drei-Punkte-Schütze und innerhalb der Nationalmannschaft ein Vorbild für Kampfgeist und Siegeswille. Wird auch wegen seiner exzellenten Verteidigungsarbeit geschätzt. Größte Erfolge: EM 1993, EM-Sechster 1987; 1989 DM mit Steiner Bayreuth, 1992–1995 mit dem TSV Bayer 04 Leverkusen, Pokalsieger mit Bayreuth 1988 und 1989 sowie 1993 und 1995 mit Leverkusen.

Kontakt

Körperliche Berührung zweier oder mehrerer Gegenspieler.

Michael Koch

Korberfolg

Treffer. Der Ball fällt nach einem Wurf regelgerecht von oben durch den Korb.

Korbleger

Korbwurf aus kurzer Distanz. Meist aus der Bewegung mit zwei Schritten (→ Zweierkontakt) ohne → Dribbling.

Kukoc, Toni

*18.9.1986 in Split/Kroatien. Nach einer glanzvollen Laufbahn in Europa, gelang dem 2,07 m großen Flügel- und Aufbauspieler 1993 der Sprung in die NBA. Bei den Chicago Bulls schloß das Allroundtalent zunächst die Lücke von → M. Jordan. Heute ist der exzellente Rebounder und Distanzschütze die

Ein Korbleger von Michael Jordan

Toni Kukoc

Manndeckung, Guard gegen Guard

Leitfigur seines Teams. Auch für viele amerikanische Kids steht er in der Beliebtheitsskala ganz oben. Größte Erfolge: EM 1989 und 1991; WM 1990; 1988–1991 jugoslawischer Meister mit Split und Pokalsieger (1988, 1990 und 1991); mit Kroatien 2. bei den OS 1992; italienischer Meister mit Benetton Treviso 1992 sowie Pokalsieger 1993.

Legale Verteidigungsposition

Regelgerechte Abwehrhaltung, die ein Verteidiger gegenüber seinem Gegenspieler einnimmt.

Manndeckung

Taktische Variante der Verteidigung, bei der ein Spieler immer den gleichen Gegenspieler hat.

Mannschaft

Beim Basketball besteht eine M. aus zehn Spielern, von denen fünf gleichzeitig auf dem Spielfeld sein dürfen.

Mannschaftskapitän

Der M. ist ein Spieler, der Informationen bei den Schiedsrichtern einholen darf. Im Falle der Abwesenheit des

→ Coachs vertritt er ihn und nimmt dessen Aufgaben war.

Mittellinie

Die M. teilt das → Spielfeld in zwei gleich große Hälften, je nach Spielrichtung in → Vorfeld bzw. → Rückfeld.

Move

[engl.] Antrainierte Bewegung des Angriffsspielers mit dem Ball, meist mit der Absicht, den Gegenspieler zu täuschen und einen Korb zu erzielen.

Kai Nürnberger

NBA

[engl.] National Basketball League. Die amerikanische Profiliga.

Neutrale Zone

Das → Spielfeld außerhalb der → begrenzten Zone.

Nürnberger, Kai

*7.6.1966 in Wolfenbüttel. Mit seiner überragenden Leistung verhalf der nur 1,83 m große Aufbauspieler 1993 der Nationalmannschaft in den letzten Sekunden zum Sieg über Rußland und damit zum EM. Sein Talent reifte während eines sechsjährigen USA-Aufenthaltes in Illinois. Nach seiner Rückkehr spielte er zunächst bei Galatasaray Köln, danach, 1990, bei Steiner Bayreuth, bevor er 1991 zum TTL Bamberg wechselte. Größte Erfolge: EM 1993; 7. bei den OS 1992; Bronzemedaille bei der Kadetten-EM 1981 und 1983, 1992 Pokalsieger mit dem TTL Bamberg.

Olajuwon, Hakeem

*21.1.1963 in Lagos/Nigeria. Der 2,14 m große Center zählt zu den besten der NBA. Innerhalb einer Saison schaffte er 2000 Punkte und 1000 Rebounds, ein Rekord, den er nur mit K. Abdul-Jabbar und David Robinson teilt. Mit den Houston Rockets, wo er seit 1984 spielt, konnte er gleich zweimal den Meister-Titel holen (1994 und 1995). 1993 erhielt der Anhänger des Islam die amerikanische Staatsbürger-

Hakeem Olajuwon

schaft. 1992 wurde er als »NBA Defensive Player« ausgezeichnet und 1984 – 1995 für das All-Star-Team nominiert.

O'Neal, Shaquille

*6.3.1972 in Newark/New Jersey. Der 2,16 m große und 138 kg schwere Center gehört zu einer neuen Basketballgeneration. Seine kraftvolle Spielweise revolutionierte das Spiel in der NBA. Wenn er für sein Team der Orlando Magic zur »Shaq-Attack« ansetzt, geht schon mal eine Korbanlage zu Bruch. In kürzester Zeit hat sich der → »Rookie des Jahres« 1993 an die Weltspitze gespielt. Seine Kraft, sein Durchsetzungsvermögen und sein Siegeswille machen ihn zum Vorbild für die amerikanischen Kids. Als Werbeträger bricht das einstige Gettokind auch in Sachen Finanzen Rekorde. Größte Erfolge: Nominierung zum All-Star-Spieler 1993,1994 und 1995.

Offensivfoul

Ein → persönliches Foul, das von einem Spieler begangen wird, dessen Mannschaft in Ballbesitz ist.

Paß

Zuspiel des Balles mit einer Hand oder mit beiden Händen.

Persönliches Foul

Regelwidrige körperliche Behinderung des Gegners. Man unterscheidet zwischen Verteidiger- und Angreiferfoul, → Offensivfoul.

Pesic, Svetislav

*28.8.1949 in Novi Sad/Jugoslawien. 1993 wurde Deutschland völlig überraschend und zum ersten Mal überhaupt Basketball-Europameister. P. hat als Trainer, vor allem durch seine professionelle Einstellung, die er stets auf seine Spieler zu übertragen versucht, zu diesem Erfolg wesentlich mit beigetragen. 1987 begann er als Nachfolger von Ralph Klein auf dem Posten des Bundestrainers und war spätestens mit der Qualifikation seiner Mannschaft für die Olympischen Spiele 1992 in seiner unermüdlichen Kärrnerarbeit, Basketball in Deutschland voranzubringen, einen entscheidenden Schritt vorangekom-

Shaquille O'Neal

Svetislav Pesic

men. Nach der EM 1993 suchte er neue Ziele und fand sie als Trainer der Bundesligamannschaft von ALBA Berlin, mit der er 1995 den Korac-Cup gewann. Größte Erfolge als Spieler: Europapokalsieger der Landesmeister 1979; jugoslawischer Meister und Pokalsieger 1978 jeweils mit Bosna Sarajevo; als Trainer: EM 1993 mit Deutschland; Junioren-WM 1987 und Junioren-EM 1986 mit Jugoslawien; Korac-Cup-Gewinner 1995 mit ALBA Berlin; jugoslawischer Meister 1983; jugoslawischer Pokalsieger 1984 jeweils mit Bosna Sarajevo.

Petrovic, Drazen

*22.10.1964 in Sibenik/Jugoslawien; †7.6.1993 bei Ingolstadt. Autos waren sein Hobby – und wurden ihm zum Verhängnis. Im Juni 1993 starb der »Mozart des Basketballs« auf einer bayerischen Autobahn und dadurch der wohl genialste Spieler, den Europa je hervorgebracht hat. P. verfügte über exzellente Vollstreckerqualitäten (Spezialität: Drei-Punkte-Würfe von hoher Präzision und Konstanz), war aber auch als Spielmacher und Ideengeber seiner Mannschaft eine Ausnahmeerscheinung. Nach den Olympischen Spielen

1988 setzte er seine Erfolgsserie bei Real Madrid fort, um ein Jahr später in der NBA anzuheuern. Nach einigen Anlaufschwierigkeiten fand er ab 1991 bei den New Jersey Nets zu alter Stärke zurück und kam in der Saison 1992/1993 auf einen hervorragenden Schnitt von 22,3 Punkten pro Spiel. Größte Erfolge: WM 1990; 2. der OS 1988 und 1992; 2 x Europapokalsieger im Landesmeisterwettbewerb, 1 x im Pokalsiegerwettbewerb; 3 x Europas Basketballer des Jahres.

Pick

[engl.] → Block.

Pick'n'Roll

[engl.] Angriffstaktik. Ein Angreifer stellt einem Mitspieler einen → Block, durch anschließendes → Abrollen kann er sich vom Gegenspieler befreien und ist für ein Anspiel bereit.

Pivot

[engl.] 1. → Center auf der Position in Höhe der Freiwurflinie. 2. → Sternschritt.

Drazen Petrovic

Rebound

Pivot Foot
[engl.] → Standbein.

Postposition
Centerposition in Höhe der Freiwurflinie. Gegensatz zum Grundliniencenter, der in der Nähe des Korbes postiert ist.

Preßdeckung
Verteidigungstaktik, bei der der ballführende Spieler von zwei Verteidigern gedeckt und attackiert wird. Häufig wird die P. auch als aggressive → Manndeckung über das ganze → Spielfeld, also direkt nach dem → Einwurf, gespielt. Ziel ist es, die Angreifer unter Druck zu setzen, um den Ball zu erobern.

Pushing
[engl.] Regelwidriges Stoßen des Gegenspielers.

Hendrik Rödl

Rebound
[engl.] Als R. bezeichnet man den vom Brett oder Korb abprallenden Ball nach einem erfolglosen Korbwurf. Es wird zwischen Offensive- und Defensive-Rebound unterschieden, je nach dem, ob die Angreifer oder die Verteidiger den Ball erkämpfen.

Rödl, Hendrik
*4.3.1969 in Offenbach. Der Flügel- und Aufbauspieler der deutschen Nationalmannschaft gilt als knallharter Verteidiger und herausragender Distanzschütze. Vier Jahre (1989–1993) ging der 2-Meter-Mann bei Dean Smith, einem der besten amerikanischen Trainer, in die Lehre. Mit dem Team der University of North Carolina gewann er 1993 die NCAA-Meisterschaft, die sicherlich einen Höhepunkt seiner Karriere darstellt. Seit Mai 1993 spielt er für ALBA Berlin. Weitere Erfolge: EM 1993; 7. bei den OS 1992; 1987 State-Champion in North Carolina und Auszeichnung zum Spieler des Jahres.

Rookie
Spieler, der im ersten Jahr in einer neuen Liga (NCAA, NBA) spielt.

Rückfeld
Das → Spielfeld ist in Abhängigkeit der Spielrichtung in → Vorfeld und R. unterteilt, wobei die → Mittellinie zum R. zählt.

Rückspiel
Befindet sich der Ball über der → Mittellinie im → Vorfeld, darf er nicht wieder zurück ins → Rückfeld gespielt werden. Es gilt bereits als R., wenn der Spieler die → Mittellinie berührt.

Sabonis, Arvidas
*19.12.1964 in Litauen. Was dem 2,21 m großen Centerspieler an Schnelligkeit fehlt, gleicht er mit seinem guten Reaktionsvermögen und seinem begnadeten Ballgefühl aus, besonders in der Abwehr. S. wechselte 1992 zu Real Madrid und verhalf dem dahindämmernden Club wieder an die Spitze Europas. Schwierigkeiten mit dem Verband und Verletzungen versagten ihm bis 1995 allerdings den Sprung in die amerikanische Profiliga. Größte Erfolge: 1985 EM mit der UdSSR; WM 1982; 1988 Olympiasieger; 3. bei den OS 1992; UdSSR-Meister 1985–1987; 1993 spanischer Meister mit Real Madrid.

San Epifanio, Juan Antonio
*12.6.1959 in Saragossa. Der Superstar des FC Barcelona avancierte in den 80er Jahren zum spanischen Volkshelden. Der 1,98 m große Flügelspieler hält mit 222 Spielen im Nationaltrikot den spanischen Rekord. Seinen letzten internationalen Auftritt hatte »Epi«, wie ihn die Spanier nennen, bei der EM 1993. Größte Erfolge: 2. bei den OS 1984; 6 x spanischer Meister und 9 x Pokalsieger mit dem FC Barcelona; 1984 zu »Europas Basketballer des Jahres« gewählt.

Schiedsgericht
Das S. im Basketball setzt sich zusammen aus dem ersten und dem zweiten → Schiedsrichter, dem → Anschreiber, dem → Zeitnehmer und dem Dreißig-Sekunden-Zeitnehmer. Die Schiedsrichter und das Tischkampfgericht treffen zusammen, um den → Anschreibebogen zu kontrollieren und unter Umständen Unstimmigkeiten zu klären.

Schiedsrichter
Mitglied des → Schiedsgerichts in leitender Funktion. Man unterscheidet den ersten und den zweiten S., wobei der erste die endgültige Entscheidung trifft.

Schiedsrichterzeichen
Die → Schiedsrichter teilen sich mit Handzeichen den Spielern und dem Tischkampfgericht mit (Seite 48 - 54).

Schnellangriff
Angriffsspiel. Mit wenigen, schnellen → Pässen den Ball ins → Vorfeld bringen, damit eine Überzahlsituation entsteht, aus der einfache Körbe erzielt werden können.

Arvidas Sabonis

Detlef Schrempf

Schrempf, Detlef

*21.1.1963 in Leverkusen. Der 2,08 m große Flügelspieler ist das Aushängeschild für den deutschen Basketball. S., der seit 1983 in den USA lebt, ist der einzige deutsche Nationalspieler, der sich als amerikanischer Profi etablieren konnte und es sogar zweimal zum »Besten 6. Spieler« der Liga schaffte. Als erster Europäer wurde er 1993 ins All-Star-Team berufen. Durchschnittlich machte er bei den Indiana Pacers 19 Punkte pro Spiel. Seit 1993 spielt er für die Seattle Supersonics und stellt in der NBA eine feste Größe dar. Größte Erfolge: 8. bei den OS 1984; 7. bei den OS 1992; 5. bei der EM 1985.

Schrittfehler

Regelwidriges Fortbewegen mit dem Ball. Ein Spieler, der ein → Dribbling beginnt, muß den Ball zunächst prellen, bevor er läuft. Am Ende eines Dribblings sind ihm noch zwei Schritte erlaubt, nachdem er den Ball aufgenommen hat. → Sternschritt.

Schußblock

Den Mitspieler durch einen → Block so abschirmen, damit er in eine ungestörte Wurfposition kommt.

Score

[engl.] 1. Einen Punkt erzielen.
2. Spielstand.

Screen

[engl.] Schirm. Ein Angreifer schirmt seinen Mitspieler gegen dessen Verteidiger ab, damit der beispielsweise ungehindert zum Schuß kommt.

Sperren

Eine Art des → persönlichen Fouls. Ein Spieler darf einen Gegenspieler, der den Ball nicht kontrolliert, nicht regelwidrig aufhalten oder ihn daran hindern, eine beliebige Position auf dem Spielfeld einzunehmen.

Spieler im Aus

Ein Spieler befindet sich im Aus, wenn er die Grund- oder Seitenlinie berührt, sich außerhalb des → Spielfeldes befindet oder einen Gegenstand oder eine Person jenseits der Spielfeldgrenze berührt.

Spielerwechsel

Jeder Spieler kann beliebig oft gegen einen Auswechselspieler ausgetauscht werden. Der S. findet in einer Spielunterbrechung statt. Beispielsweise einer Foul- oder Sprungballsituation. Ein S. muß zuvor beim Kampfgericht angemeldet werden.

Spielfeld

Das S. ist rechteckig und hat maximal eine Größe von 28 m x 15 m. Es kann auch an den Seiten bis zu 4 m und in der Breite bis zu 2 m kleiner sein, vorausgesetzt, die Abweichungen sind proportional zueinander. Das S. wird von 5 cm breiten Seiten- und → Grundlinien begrenzt.

Spielzeit

Ein Basketballspiel dauert 2 x 20 Minuten effektive Spielzeit, d. h. jede Spielunterbrechung (z. B. ein → Foul) führt zum Stopp der Uhr. Mit dem ersten Ballkontakt eines Spielers auf dem Feld läuft sie weiter. Nach der ersten Halbzeit folgt eine zehnminütige Pause (15 Minuten in der Bundesliga). Steht es nach zwei Halbzeiten unentschieden, kommt es zu einer → Verlängerung von jeweils 5 Minuten, bis ein Gewinner feststeht. Jeder Verlängerung geht eine Pause von 2 Minuten voraus. Auf nationaler beziehungsweise örtlicher Ebene kann die Spielzeit auch 4 x 12 Minuten betragen. Zwischen dem ersten und zweiten sowie dem dritten und vierten Viertel gibt es eine zweiminütige Pause. Die Halbzeitpause dauert 10 oder 15 Minuten.

Sprungball

Jede Spielhälfte sowie jede → Verlängerung beginnt mit einem S. im Mittelkreis. Dabei wird der Ball vom → Schiedsrichter zwischen zwei Spielern hochgeworfen. Die Spieler versuchen, den Ball zu einem Mitspieler (die restlichen Spieler beider Mannschaften stehen in abwechselnder Reihenfolge um den Kreis herum) zu tippen. Jeder Spieler darf den Ball nur zweimal tippen, fangen ist nicht erlaubt. S. gibt es außerdem bei → Halteball, → Doppelfoul, → Ausball, wenn unklar ist, wer zuletzt Ballkontakt hatte und wenn sich der Ball zwischen Ring und Brett verklemmt hat. Nach Halteball, Doppelfoul und Ausball wird der S. an dem Kreis ausgeführt, der dem Geschehnis am nächsten ist.

Sprungschuß

Sprungschuß

Wurf, bei dem der Schütze mit beiden Beinen nach oben springt, um sich dem Zugriff der Verteidiger zu entziehen. Die Wurftechnik ist die gleiche wie beim → Freiwurf, der allerdings im Stand ausgeführt wird.

Standbein

Das Bein, um das der Spieler pivotieren (einen → Sternschritt machen) kann, bezeichnet man als S.

Starting Five

[engl.] Die Spieler, die zu Beginn des Spiels auf dem Feld sind. In der Regel handelt es sich um die besten Spieler eines Teams.

Steal

[engl.] Aktion, bei der der Verteidiger dem Angreifer den Ball stiehlt, beispielsweise durch Wegschlagen.

Sternschritt

Mit dem S. hat der ballführende Spieler nach Abschluß eines → Dribblings die Möglichkeit, seine Position noch geringfügig zu verändern. Dabei darf er nur einen Fuß in beliebige Richtungen setzen, sein anderer muß fest auf dem Boden bleiben. Welches Bein zum → Standbein wird, ist vom Abschluß des Dribblings abhängig. Beendet man es mit einem Parallelstopp, kann man sich das Standbein aussuchen, schließt man es mit aufeinanderfolgenden Schritten ab, wird das hintere Bein zum Standbein.

Steal

Streetball
[engl.] Variante des Basketball, bei der 3 gegen 3 auf einen Korb gespielt wird. S. findet auf Freiplätzen statt.

Switch
[engl.] Taktik in der Verteidigung, bei der der Verteidiger einen Angreifer seines Mitspielers übernimmt, der freigeblockt wurde.

Teamfoul
Hat eine Mannschaft während einer Halbzeit sieben T. auf dem Konto, bekommt der Gegner bei jedem weiteren → persönlichen Foul, das nicht am Werfer begangen wurde, zwei → Freiwürfe. Mittels einer roten Fahne informiert der → Anschreiber die → Schiedsrichter, daß eine Mannschaft mit sieben Fouls belastet ist. Beträgt die Spielzeit 4 x 12 Minuten, gilt diese Regel bereits nach vier T. innerhalb eines Viertels.

Technischer Kommissar
Ein t. K. kann dem Tischkampfgericht hinzugezogen werden. Er überwacht den korrekten Ablauf des Spiels sowie die Arbeit der Kampfrichter.

Technisches Foul
Regelübertretung, mit der gegen das Fairplay verstoßen wird, z. B. den → Schiedsrichter mündlich oder mit Gesten beleidigen oder ihn gar körperlich angreifen sowie unter Umständen das Festhalten am Ring. Bestrafung: zwei → Freiwürfe für die gegnerische Mannschaft. Nicht nur die Feldspieler, auch die Trainer und die Ersatzbank können mit einem t. F. belegt werden. Es wird zwar nicht als → persönliches Foul angeschrieben, aber mit zwei Freiwürfen und → Einwurf an der Mittellinie für den Gegner bestraft.

Tip in

Tip in
[engl.] Den vom Spielbrett abprallenden Ball direkt aus der Luft in den Korb tippen.

Topscorer
[engl.] Bester Schütze in einem Spiel.

Verteidigung

Toter Ball
Bezeichnung für den Ball, wenn die Uhr gestoppt oder er vom Schiedsrichter nicht freigegeben ist.

Touching
[engl.] Regelwidriges Berühren des Angreifers mit den Händen.

Trailer
[engl.] Beim → Fastbreak der nachfolgende Angreifer, der hinter dem Ball durch die → Zone läuft.

Turnover
[engl.] Die verteidigende Mannschaft hat den Ball erobert.

Überkopfpaß
Zuspiel, bei dem der Ball ein- oder beidhändig aus einer Position über Kopfhöhe des Paßgebers geworfen wird.

Unsportliches Foul
Mit Vorsatz ausgeführtes → persönliches Foul. Als Strafe erhält der Gegner zwei beziehungsweise drei → Freiwürfe sowie → Einwurf an der → Mittellinie.

Verlängerung
Ist die offizielle → Spielzeit abgelaufen und der Spielstand unentschieden, folgt nach einer zweiminütigen Pause eine V. um jeweils fünf Minuten, bis ein Sieger feststeht.

Verteidigung
Alle Handlungen eines Spielers oder einer Mannschaft, die darauf abzielen, einen Korberfolg des Gegners zu verhindern und wieder in Ballbesitz zu kommen. Man unterscheidet Mann-Mann-Verteidigung oder → Manndeckung und → Zonendeckung.

Vertikalprinzip
Nach den Regeln hat ein Werfer ein Anrecht auf den Luftraum über sich. Demnach begeht ein Verteidiger ein → Foul, wenn es zum Kontakt kommt wenn der Werfer lediglich hochspringt.

Vorfeld
Spielfeldhälfte, im Gegenteil zum → Rückfeld.

Christian Welp

Welp, Christian

*2.1.1964 in Osnabrück. Bei der EM 1993 erzielte er die Punkte zum Titelgewinn. Aber nicht nur im Endspiel verwandelte er souverän den alles entscheidenden Freiwurf zum 71:70, bereits im Viertelfinale gegen Spanien landete er aus 6 m Entfernung mit der Schlußsirene den Treffer zum 79:77. Der 2,13 m große Center hat bereits drei Jahre NBA-Erfahrung (1987–1990) bei verschiedenen Klubs gesammelt. Verletzungsbedingt kehrte er 1990 den USA den Rücken und spielt seitdem für den TSV Bayer 04 Leverkusen. Größte Erfolge: EM 1993; EM-Fünfter 1985; EM-Sechster 1987; DM 1991–1995 sowie deutscher Pokalsieger 1991, 1993 und 1995 mit Bayer Leverkusen.

Zehn-Sekunden-Regel

Zeitvorschrift. Eine Mannschaft im Angriff muß innerhalb von zehn Sekunden den Ball aus dem → Rückfeld ins → Vorfeld spielen.

Zeitnehmer

Der Z. gehört zum Tischkampfgericht und ist für → Spielzeit verantwortlich.

Zone

Als Z. wird allgemein der Raum zwischen Korb und Ball bezeichnet. Der Begriff wird allerdings häufig fälschlicherweise für den → Freiwurfraum verwendet.

Zonenverteidigung

Verteidigungssystem, bei dem nicht der Gegenspieler (→ Manndeckung), sondern der Raum abgedeckt wird.

Zweierkontakte

Einem ballführenden Spieler sind zwei Bodenkontakte mit den Füßen erlaubt, bevor er den Ball wieder auf den Boden prellen muß.

Ergebnisdienst

Weltmeisterschaft

Männer

1950	Argentinien
1954	USA
1959	Brasilien
1963	Brasilien
1967	UdSSR
1970	Jugoslawien
1974	UdSSR
1978	Jugoslawien
1982	UdSSR
1986	USA
1990	Jugoslawien
1994	USA

Frauen

1953	USA
1957	USA
1959	UdSSR
1964	UdSSR
1967	UdSSR
1971	UdSSR
1975	UdSSR
1979	USA
1983	UdSSR
1986	USA
1990	USA
1994	Brasilien

Olympische Spiele

Männer

1936	USA
1948	USA
1952	USA
1956	USA
1960	USA
1964	USA
1968	USA
1972	UdSSR
1976	USA
1980	Jugoslawien
1984	USA
1988	UdSSR
1992	USA

Frauen

1976	UdSSR
1980	UdSSR
1984	USA
1988	USA
1992	GUS

Europameisterschaften

Männer

1935	Lettland
1937	Litauen
1939	Litauen
1946	CSFR
1947	UdSSR
1949	Ägypten
1951	UdSSR
1953	UdSSR
1955	Ungarn
1957	UdSSR
1959	UdSSR
1961	UdSSR
1963	UdSSR
1965	UdSSR
1967	UdSSR
1969	UdSSR
1971	UdSSR
1973	Jugoslawien

1975	Jugoslawien
1977	Jugoslawien
1979	UdSSR
1981	UdSSR
1983	Italien
1985	UdSSR
1987	Griechenland
1989	Jugoslawien
1991	Jugoslawien
1993	Deutschland
1995	Jugoslawien

Frauen

1938	Italien
1950	UdSSR
1952	UdSSR
1954	UdSSR
1956	UdSSR
1958	Bulgarien
1960	UdSSR
1962	UdSSR
1964	UdSSR
1966	UdSSR
1968	UdSSR
1970	UdSSR
1972	UdSSR
1974	UdSSR
1976	UdSSR
1978	UdSSR
1980	UdSSR
1981	UdSSR
1983	UdSSR
1985	UdSSR
1987	UdSSR
1989	UdSSR
1991	UdSSR
1993	Spanien
1995	Ukraine

Europameisterschaft der Landesmeister

Männer

1958	A.S.K. Riga
1959	A.S.K. Riga
1960	A.S.K. Riga
1961	ZSKA Moskau
1962	Dinamo Tiflis
1963	ZSKA Moskau
1964	Real Madrid
1965	Real Madrid
1966	Simmenthal Mailand
1967	Real Madrid
1968	Real Madrid
1969	ZSKA Moskau
1970	Ignis Varese
1971	ZSKA Moskau
1972	Ignis Varese
1973	Ignis Varese
1974	Real Madrid
1975	Ignis/Mobilgirgi Varese
1976	Ignis/Mobilgirgi Varese
1977	Maccabi Tel Aviv
1978	Real Madrid
1979	Bosna Sarajewo
1980	Real Madrid
1981	Maccabi Tel Aviv
1982	Squipp Cantu
1983	Ford Cantu
1984	Banco di Roma
1985	Cibona Zagreb
1986	Cibona Zagreb
1987	Tracer Mailand
1988	Tracer Mailand
1989	Jugoplastika/Pop 84 Split
1990	Jugoplastika/Pop 84 Split
1991	Jugoplastika/Pop 84 Split
1992	Partizan Belgrad

1993: Deutschland ist Europameister

1989: Jugoplastika/Pop 84 Split

1993	CSP Casino Limoges
1994	Joventud Barcelona
1995	Real Madrid
Frauen	
1959	Slavia Sofia
1960	Daugawa Riga
1961	Daugawa Riga
1962	Daugawa Riga
1963	Slavia Sofia
1964	Daugawa Riga
1965	Daugawa Riga
1966	Daugawa Riga
1967	Daugawa Riga
1968	Daugawa Riga
1969	Daugawa Riga
1970	Daugawa Riga
1971	Daugawa Riga
1972	Daugawa Riga
1973	Daugawa Riga
1974	Daugawa Riga
1975	Daugawa Riga
1976	Sparta Prag
1977	Daugawa Riga
1978	G.E.A.S. Sesto San Giovanni
1979	Roter Stern Belgrad
1980	Fiat Turin
1981	Daugawa Riga
1982	Daugawa Riga
1983	Zolu Vicenza
1984	Levski Spartak Sofia
1985	Fiorella Vicenza
1986	Primigi Vicenza

1987 Primigi Vicenza
1988 Primigi Vicenza
1989 Jedinstvo-Aida Tuzla
1990 Trogylos Enimont Priolo
1991 Conad-Unicar Cesena
1992 Dorna Godella
1993 Dorna Godella
1994 SFT Como
1995 Dorna Godella Valencia

Europapokal der Pokalsieger

Männer

1967 Ignis Varese
1968 AEK Athen
1969 Slavia Prag
1970 Fides Partenope Neapel
1971 Simmenthal Mailand
1972 Simmenthal Mailand
1973 Spartak Leningrad
1974 Roter Stern Belgrad
1975 Spartak Leningrad
1976 Cincano Mailand
1977 Birra Forst/Gabetti Cantu
1978 Birra Forst/Gabetti Cantu
1979 Birra Forst/Gabetti Cantu
1980 Emerson Varese
1981 Squipp Cantu
1982 Cibona Zagreb
1983 Scavolini Pesaro
1984 Real Madrid
1985 FC Barcelona
1986 FC Barcelona
1987 Cibona Zagreb
1988 CSP Limoges
1989 Real Madrid
1990 Virtus Bologna
1991 PAOK Thessaloniki
1992 Real Madrid

Gunther Behnke mit dem Korac-Cup

1993 Aris Thessaloniki
1994 Smelt Olimpya Ljubljana
1995 Benetton Treviso

Korac-Cup

Männer

1972 Lokomotiva Zagreb
1973 Birra Forst Cantu
1974 Birra Forst Cantu
1975 Birra Forst Cantu
1976 Jugoplastika Split
1977 Jugoplastika Split
1978 Partizan Belgrad
1979 Partizan Belgrad
1980 Arrigoni Rieti
1981 Joventut Badalona

1982 CSP Limoges
1983 CSP Limoges
1984 Elan Béarnais Orthez
1985 Simac Mailand
1986 Banco di Roma
1987 FC Barcelona
1988 Real Madrid
1989 Partizan Belgrad
1990 Joventut Badalona
1991 Clear Cantu
1992 Messagero Roma
1993 Philips Mailand
1994 PAOK Saloniki
1995 ALBA Berlin

Liliana Ronchetti Cup

Frauen

1975 Spartak Leningrad
1976 Slavia Prag
1977 Spartak Moskau
1978 Levski Spartak Sofia
1979 Levski Spartak Sofia
1980 Monting Zagreb
1981 Spartak Moskau
1982 Spartak Moskau
1983 B.S.E. Budapest
1984 Bata Roma
1985 ZSKA Moskau
1986 Dinamo Novosibirsk
1987 T.T.T. Riga
1988 Dinamo Kiew
1989 ZSKA Moskau
1990 Parma Primizie Parma
1991 Gemeaz-Cusin Mailand
1992 Estel Vicenza
1993 Basket Parma
1994 Athena Cesena
1995 CJM Bourges

Deutsche Meisterschaft

Männer

(seit Einführung der Bundesliga 1966)

1967 MTV Gießen 1846
1968 MTV Gießen 1846
1969 VfL Osnabrück
1970 TuS 04 Leverkusen
1971 TuS 04 Leverkusen
1972 TuS 04 Leverkusen
1973 USC Heidelberg 1899
1974 SSV Hagen
1975 MTV Gießen 1846
1976 TuS 04 Leverkusen
1977 USC Heidelberg 1899
1978 MTV Gießen 1846
1979 TuS 04 Leverkusen
1980 SSC Göttingen
1981 BSC Saturn 77 Köln
1982 BSC Saturn 77 Köln
1983 ASC 46 Göttingen
1984 ASC 46 Göttingen
1985 TSV Bayer 04 Leverkusen
1986 TSV Bayer 04 Leverkusen
1987 BSC Saturn 77 Köln
1988 BSC Saturn 77 Köln
1989 Steiner Bayreuth
1990 TSV Bayer 04 Leverkusen
1991 TSV Bayer 04 Leverkusen
1992 TSV Bayer 04 Leverkusen
1993 TSV Bayer 04 Leverkusen
1994 TSV Bayer 04 Leverkusen
1995 TSV Bayer 04 Leverkusen

Frauen

(seit Einführung der Bundesliga 1971)

1972 1. SC 05 Göttingen
1973 Heidelberger SC
1974 1. SC 05 Göttingen
1975 DJK Agon 08 Düsseldorf

1976	BG ART/TVG Düsseldorf
1977	BG ART/TVG Düsseldorf
1978	TuS 04 Leverkusen
1979	TuS 04 Leverkusen
1980	DJK Agon 08 Düsseldorf
1981	DJK Agon 08 Düsseldorf
1982	DJK Agon 08 Düsseldorf
1983	DJK Agon 08 Düsseldorf
1984	DJK Agon 08 Düsseldorf
1985	DJK Agon 08 Düsseldorf
1986	DJK Agon 08 Düsseldorf
1987	DJK Agon 08 Düsseldorf
1988	DJK Agon 08 Düsseldorf
1989	Barmer TV 1846 Wuppertal
1990	DJK Agon 08 Düsseldorf
1991	DJK Agon 08 Düsseldorf
1992	Lotus München
1993	Barmer TV 1846 Wuppertal
1994	Barmer TV 1846 Wuppertal
1995	Barmer TV 1846 Wuppertal

NBA-Meister

1947	Philadelphia Warriors
1948	Baltimore Bullets
1949	Minneapolis Lakers
1950	Minneapolis Lakers
1951	Rochester Royals
1952	Minneapolis Lakers
1953	Minneapolis Lakers
1954	Minneapolis Lakers
1955	Syracuse Nationals
1956	Philadelphia Warriors
1957	Boston Celtics
1958	St. Louis Hawks
1959	Boston Celtics
1960	Boston Celtics
1961	Boston Celtics
1962	Boston Celtics
1963	Boston Celtics
1964	Boston Celtics
1965	Boston Celtics
1966	Boston Celtics
1967	Philadelphia 76ers
1968	Boston Celtics
1969	Boston Celtics
1970	New York Knicks
1971	Milwaukee Bucks
1972	Los Angeles Lakers
1973	New York Knicks
1974	Boston Celtics
1975	Golden State Warriors
1976	Boston Celtics
1977	Portland Trail Blazers
1978	Washington Bullets
1979	Seattle Supersonics
1980	Los Angeles Lakers
1981	Boston Celtics
1982	Los Angeles Lakers
1983	Philadelphia 76ers
1984	Boston Celtics
1985	Los Angeles Lakers
1986	Boston Celtics
1987	Los Angeles Lakers
1988	Los Angeles Lakers
1989	Detroit Pistons
1990	Detroit Pistons
1991	Chicago Bulls
1992	Chicago Bulls
1993	Chicago Bulls
1994	Houston Rockets
1995	Houston Rockets

»Regeln« bietet Informationen und präzise Erläuterungen zu Spielidee und internationalem Regelwerk verschiedener Sportarten.
Fragen Sie bitte Ihren Buchhändler

Die Deutsche Bibliothek – CIP-Einheitsaufnahme

Basketball : die internationalen Regeln ; Wissenswertes von A bis Z. – Niedernhausen/Ts. : FALKEN, 1996
(SportRegeln)
ISBN 3-8068-1676-X

ISBN 3 8068 1676 X

Umschlaggestaltung: Rincón Design & Produktion, Köln
Titelbild: ZEFA Stockmarket, Düsseldorf/**Lew Long**
Layout: Horst Bachmann
Fotos: Pressefoto R. Eckert, Bamberg:
außer: **BONGARTS SPORTFOTOGRAFIE GMBH,** Hamburg: S. 19, S. 55/**Fessel:** S. 15, S. 23, S. 45, S. 59, S. 61, S. 73/**Müller:** S. 70/**Sandten:** S. 67/**Szwarc:** S. 77
SPORTIMAGE, Hamburg: S. 82/**SPORTS GALLERY:** S. 2, S. 58, S. 60, S. 64, S. 69, S. 71, S. 72 o. l., S. 74, S. 75/**SPORT THE LYBRARY/KYLE:** S. 84
Illustrationen: AS Design Ilse Stockmann-Sauer, Offenbach
Herstellung: Sabine Vogt
Redaktion: Birgit Schlegel/Markus Hederer

Satz: Falken-Verlag GmbH, Niedernhausen/Ts.
Druck: Freiburger Graphische Betriebe GmbH, Freiburg

817 2635 4453 6271